JN124856

経営倫理の理論と実践

―医療法人における統合アプローチ―

鈴木 貴大

［著］

文眞堂

はしがき

　経営倫理（business ethics）の概念は，企業をはじめとする様々な組織によって引き起こされる不祥事の影響に鑑み，20世紀を通じて先進国を中心に関心が高まってきた。今日では，多くの企業（そして，組織）において，経営倫理に基づく制度化が図られていることから，その重要性は広く認知されてきていると理解することができよう。しかしながら，不祥事は依然として発生していることも事実である。したがって，本書では，様々な組織が不祥事を引き起こさないために求められる枠組みを提示することを目的として議論を展開していく。

　また，本書ではとりわけ，医療法人を研究対象としている。そのため，対象範囲が限定されると考えられるが，組織構成員の専門性が高いことをはじめ，他の組織と異なる組織特性を有する医療法人を対象とした議論は，組織構成員の組織倫理と個人倫理（さらに，専門職倫理）の統合という意味において，企業を含む他の組織にも援用できる議論であると考える。なお，本書の議論を展開していく上で，後述する点に留意して頂きたい。

　第一に，本書では経営倫理の史的展開，ならびにその重要性を示唆する中で，様々な不祥事を取り上げている。これは，過去に生じた不祥事を基に，今日における課題事項を剔抉することを目的としているため，本書において取り上げる不祥事は，当該企業，ならびに当該組織の現在を否定する論旨ではない点にご留意頂きたい。

　第二に，本書では，前述のように医療法人を主な研究対象と位置付けているが，このことは，経営学を主たる理論的基盤として医療法人における経営の諸課題を考察することを前提としている。これにより，医療や医学，または薬学に関して，著者の理解が不十分な点があるかと思われる。この点に関して，今後研究を進めていく上で，専門用語や医療法人が置かれている状況をより深く理解していくことが必要であると考えている。

　第三に，本書では，2020年度より世界的に大きな影響を与えている新型コロナウイルス（COVID-19）をめぐる議論を対象外としていることである。新型コロナウイルスの感染拡大は，医療法人を取り巻く環境を激変させ，従来では起こり得なかった問題の発生，あるいは，これまで潜在的なものとして存在していた課題の顕在化など，甚大な影響を与えている重大な問題である。一方で，未だ不透明な事項が多いことから，著者の理解や主張が誤解を招くことを避けるためにかかる問題を対象外としている。今後，新型コロナウイルスが医療にもたらした影響を精査し，日本における医療の維持・発展に寄与する研究を進めることは，著者の課題としてご理解頂きたい。

　かかる事項を踏まえ，経営倫理を学ぶ初学者の方をはじめ，当該分野における研究者，企業の現場で法的枠組みを超えた経営倫理の浸透，ならびに制度の構築を担う実務家，そして，未曽有の事態において，日々私たちの生活の基盤を支え，安心と安全を与えてくださっている医療従事者の皆様に少しでも貢献することができれば幸いである。

　2021年9月

鈴木　貴大

目　次

第 I 部
経営倫理研究の理論的展開

第Ⅱ部
医療法人の組織特性と実践上の諸問題

第Ⅱ部 小括　医療法人における経営倫理の実践上の諸課題 ……… 121

第Ⅲ部
医療事故防止のための理論と実践の統合

第7章　経営倫理研究における
行動倫理学アプローチの意義と課題 …………………… 125

図表目次

序論

1 本研究の目的と背景

経営倫理（Business Ethics）の概念は，アメリカや日本における大規模企業による組織不祥事の発生を受けて，20世紀を通じて先進国を中心に浸透してきた。しかしながら，1898年にカリフォルニア大学バークリー校に開設されたハース・ビジネス・スクールには，当初より，経営教育の中に倫理関連の科目が設置されていた（鈴木 2010, 61頁）ことに鑑みれば，かかる概念の誕生は，19世紀末にまで遡ることができ，経営倫理への関心は，経営学の成立と同時に存在していたと言えるであろう。当初，経営倫理が対象とする領域は，企業，とりわけ公開株式会社が主であった。しかしながら，近年では，こうした営利追求を主たる目的と位置付ける企業のみならず，医療法人や学校法人など，非営利組織もまた経営倫理の重要性を認識した上で，倫理制度を整備し，それを確立することに注力している。したがって，これまでの経営倫理研究が「倫理制度の充実」という点において，一定の成果を残していると理解することができよう。

一方で，今日，企業による組織不祥事をはじめ，政府と学校法人との癒着や悪質な医療事故など，様々な組織による組織不祥事が後を絶たず発生していることもまた事実であり，倫理制度を確立している組織が組織不祥事を引き起こすという事例は決して珍しいことではない。こうした背景には，組織が倫理制度を整えることに傾注しており，それを組織構成員の行動レベルにまで浸透させ，「実践」するという点にまで意識が向いていないこと，すなわち，倫理制度が硬直化・形骸化してしまっていることが主たる要因のひとつであると考えられる。したがって，倫理制度を形式的に整えることに留まるのではなく，こ

れをいかにして「実践」まで結びつけるのかということが，経営倫理研究の喫緊の課題である。

　また，近年，様々な分野における技術革新が著しく進展しており，組織を取り巻く外部環境は日々変化している。新たな技術が社会に浸透することによって，我々の生活は飛躍的に便利に，そして豊かになる。しかしその反面，新たな技術の浸透は，これまでにはなかった新たな倫理的課題事項も生じさせるのである。このことに鑑みれば，経営倫理の「実践」に加え，従来の倫理制度の見直しを図り，倫理的課題事項に柔軟に対応していくこともまた，重要な課題であると理解することができる。たとえば，情報通信技術（Information and Communication Technology：ICT）の進展により，我々は多くの情報を容易に入手することができるようになり，同時に全世界に向けて情報を発信することが可能となった。したがって，我々ひとりひとりの有する影響力は，従来に比して大きくなっており，組織の管理者には，こうした個人をどのようにして倫理的行動へと導くのかということが求められている。しかし，組織構成員の個人倫理（individual ethics）は，彼（女）らがこれまでの経験を通じて醸成してきたものであり，組織の管理者がこれを阻害することは許されない。同時に，組織倫理（organization ethics）もまた組織の管理者が組織構成員に押し付けるものであってはならない。他方で，今日，組織は様々な文化的・宗教的価値観を有する人によって構成されており，その複雑性は従来に比して非常に大きくなっている。こうした組織において，経営倫理を実践していくためには，組織の管理者は組織構成員の個々の差異を理解し，彼（女）らとの相互コミュニケーションを図る必要がある。

　かかる理解を踏まえ，本研究では医療法人を対象として，経営倫理をいかにして実践していくのかを論じていく。医療法人は，非営利原則に基づき利益追求を目的とした経営が禁止されている（第4章に詳述）。しかし一方で，持続的に活動を行っていくためには収益の確保も不可欠である。とりわけ，今日，日本における多くの医療法人が赤字経営に直面（第4章に詳述）しており，医療法人にとって，いかにして経済性と公共性とを両立させるのかが重要な課題となっている。

　加えて，医療法人は，「人々の健康の維持・増進」を社会的使命としてお

り，「医療」に関わる行為が，人々の生命に直結することから，他の組織以上に厳格な倫理制度の確立とその実践とが求められると考えられる。また，医療法人は専門性の高い知識や技術を有する人々（専門職従事者）によって構成されている。したがって，医療従事者らは，個人倫理，組織倫理および専門職倫理（professional ethics）といった属性の異なる倫理から行動を規定されることになる（第5章に詳述）。前述のように，技術革新の進展によって，様々な組織に高度かつ専門的な技術や知識が導入されると予測される。仮に，こうした技術や知識を扱う組織構成員を「専門職」と位置付けるのであれば，「専門職倫理」への関心は，今後ますます高まるものと思われる。これらのことを踏まえれば，医療法人を対象として，経営倫理の実践を議論することに意義を見出すことができよう。

2　本研究の構成

本研究は，序論と，第1章から第8章の本論，そして結論までの構成となっている。これらを大きく区分すると，序論，「経営倫理研究の理論的展開」に関する考察（第1章から第3章），「医療法人の組織特性と実践上の諸問題」に関する考察（第4章から第6章），「医療事故防止のための理論と実践の統合」に関する考察（第7章と第8章），そして結論に分類される（図序-1参照）。

序論では，本研究の目的と背景，基本概念（経営倫理，倫理制度，組織不祥事ならびに医療法人）の定義と位置付け，本研究の前提条件と対象範囲，そして従来の研究と本研究の特徴について述べることによって，本論における議論の理論的基盤を構築し，本研究の位置付けを明らかにする。

第Ⅰ部（第1章から第3章），「経営倫理研究の理論的展開」では，経営倫理の「理論」の側面に焦点を当て，経営倫理研究における代表的なアプローチである応用倫理学アプローチと経営学アプローチとの特徴を整理することによって，これまでどのようにして経営倫理に関する議論が展開されてきたのかを整理するとともに，かかる研究の今日的課題を剔抉することを試みる。

第1章では，アメリカと日本において，経営倫理研究がどのように展開されてきたのかを，各国においてこれまで発生してきた組織不祥事の歴史とともに

整理する。ひとくちに組織不祥事といっても，この語句が表す内容は，不注意や過失に起因する「事故」から当事者が意図的に引き起こす悪質な「犯罪」まで幅広い。したがって，その発生要因もまた様々であるといえる。そこで，こうした組織不祥事の発生要因を分類することによって，どのようなメカニズムのもとで組織不祥事が引き起こされるのかを導出することを目的とする。

その上で，とりわけ「組織」とその組織に属する「個人」の関係に焦点を当てて議論を展開していくこととする。言うまでもなく，「組織」とは「個人」の集合体であり，組織にはひとつの協働システムとして求められる「組織倫理」と，個々の組織構成員が有する「個人倫理」とが混在している。こうした属性の異なる「倫理」がときに相反した際，組織不祥事へと発展することもあるのではないだろうか。したがって，組織の管理者は複雑な協働システムの中で「組織倫理」と「個人倫理」との調整を行っていく必要がある。このことに鑑み，第1章では，「組織」の中での「個人」の位置付けを図った上で，組織不祥事の発生要因に関して「組織倫理」と「個人倫理」という視点から考察していく。

第2章では，経営倫理研究の代表的な2つのアプローチである「応用倫理学アプローチ」に焦点を当て，その特徴を整理するとともに，かかるアプローチの今日的課題を考察していく。応用倫理学アプローチの基礎となっているのは規範倫理学である。このことを踏まえ，伝統的な規範倫理学上の二分法である目的論，とりわけ功利主義（utilitarianism）と義務論（deontology）との双方から，応用倫理学アプローチの特徴を剔抉する。

また，本研究では，経営倫理研究における応用倫理学アプローチに徳倫理（virtue ethics）の視座を新たに加える。徳倫理は，前述の伝統的な規範倫理学上の二分法では，目的論に分類される（表2-1参照）。しかしながら，従来の応用倫理学アプローチが（功利主義であれ，義務論であれ），「どのように行動するべきか」という「行動」に焦点を当てていることに対し，徳倫理は，「どのような人間（あるいは組織）になるべきか」といった「行為主体」に焦点を当てている（神野 2002, 26 頁）。このような徳倫理の視座を加えることが，経営倫理研究においてどのような有効性をもちうるのか，ということを功利主義と義務論の課題を踏まえた上で考察する。

　第3章では，経営倫理研究におけるもうひとつの代表的なアプローチである経営学アプローチに焦点を当てる。応用倫理学アプローチが規範倫理学を基礎として，その理論をビジネスの文脈にどのように適用させるのかを議論するアプローチであることに対し，経営学アプローチは現実の社会において生じた事象，すなわち企業をはじめとする様々な組織によって引き起こされる組織不祥事をどのようにして防止するのかを議論するアプローチである。様々な組織不祥事の頻発に鑑みて，20世紀後半には経営倫理への関心がますます高まっていった。こうした経営倫理研究をより「実践」へと結びつけるために進展してきたのが「経営倫理の制度化（institutionalizing business ethics）」である。

　「経営倫理の制度化」は，アメリカにおいて，とりわけ企業を対象として議論が展開されてきた。今日では，企業のみならず様々な組織が倫理制度を確立していることから，経営倫理の適用範囲は従来に比して拡大していると理解することができよう。かかる理解を踏まえ，第3章では，「経営倫理の制度化」に関する議論の歴史的展開とその今日的課題について考察をしていく。

　第Ⅱ部（第4章から第6章），「医療法人の組織特性と実践上の諸問題」では，本研究において主たる研究対象である医療法人に焦点を当て，その組織特性と，医療法人が経営倫理を実践していく上での課題を明らかにする。

　第4章では，今日，医療法人を取り巻く諸問題を整理することを目的としている。医療法人には，あらゆる組織に共通する側面と医療法人独自の組織特性に基づく側面との双方がある。第4章では，とりわけ前者の側面に関して，医療従事者の過重労働問題，外部ステイクホルダーとの歪んだ関係がもたらす諸問題，そして医療従事者の個人的利得の追求がもたらす諸問題の3点に焦点を当て，こうした様々な問題が，医療事故の発生にも繋がることを示唆する。

　第5章では，医療法人の組織特性として「公共性」と「閉鎖性」とを取り上げ，こうした組織特性がもたらす負の影響に関して論じていく。日本の医療法人は，「医療」という社会的使命，あるいは社会的責任の重要性に鑑み，法律（たとえば医療法）や政府によって整備される制度によって，「公共性」・「社会性」を発揮することが求められている。他方で，近年，日本の医療法人の多くが赤字経営に直面しており，前述の医療法や政府による制度が，医療法人の経営をさらに逼迫させる要因にもなりうるのである。

　また，医療法人は医師や看護師，そして薬剤師をはじめとする様々な専門
職従事者によって構成されている。それゆえ，医療法人と他のステイクホル
ダー（とりわけ患者）との間に「情報の非対称性」問題が生じやすくなってい
る（外部との閉鎖性）。加えて，同じ「医療」に携わる専門職であっても，求
められる専門的知識や技術が異なることから，組織内部にも閉鎖性が生じ，こ
れが情報共有や相互コミュニケーションを阻害する要因となっていることが指
摘される。第5章では，こうした医療法人の組織特性がもたらす負の影響に関
して考察するとともに，医療従事者らに求められる専門職倫理とはなにか，さ
らに専門職倫理にはどのような役割があるのかを考察する。

　第6章では，共財団法人日本医療機能評価機構（以下，日本医療機能評価機
構と表記）の調査に基づき，医療事故の発生件数の推移とその程度について確
認する。加えて，医療事故の発生要因を個人レベルと組織レベルとに分類す
るとともに，医療事故の発生に医療法人の組織特性がどの程度影響を与えてい
るのかを考察することによって，医療法人を対象とした経営倫理研究の課題を
「実践」の側面から剔抉することを試みる。言うまでもなく，医療法人を取り
巻く諸問題は，医療事故だけではない。しかしながら，医療事故が，人々の生
死に直結する重大な問題であること，また第4章で取り上げる医療法人を取り
巻く様々な諸問題が，医療事故を引き起こす要因にもなりうることに鑑み，本
研究では，「医療法人における経営倫理の実践」を「医療事故を未然に防止す
ること」に限定して議論を展開していく。

　第Ⅲ部（第7章と第8章），「医療事故防止のための理論と実践の統合」で
は，第Ⅰ部で取り上げる「経営倫理の理論的側面における今日的課題」と，第
Ⅱ部で取り上げる「医療法人における経営倫理の実践上の諸問題」とを統合的
に捉え，医療法人が，医療事故を防止するためにどのようにして経営倫理を実
践していくのかに関して論じる。

　第7章では，従来の経営倫理研究が見落としていた点を補完する役割とし
て，行動倫理学（behavioral ethics）の視座を加えることを示唆する。従来の
経営倫理研究は，応用倫理学アプローチであれ，経営学アプローチであれ，組
織不祥事の防止をするために「どのような行動をとるべきなのか」ということ
に焦点を当ててきた。しかしながら，人間は頭では「とるべき行動」を理解し

ていたとしても，それを実践できるかどうかは別の問題なのである。行動倫理学アプローチは，かかる前提に立ち，人間の倫理的思考と倫理的行動とを乖離させる要因を明らかにすることを目的としている。このことに鑑み，従来の経営倫理研究（応用倫理学アプローチと経営学アプローチ）と行動倫理学アプローチとの統合を図る有用性を考察する。

　第8章では，第7章で取り上げた経営倫理研究における統合アプローチを実践していくための施策としてダブル・ループ学習（Double-Loop Learning）を用いた倫理教育の重要性を主張する。さらに，こうした倫理教育を実践していくためには，組織の管理者（あるいは倫理制度の策定者）のみならず，他の組織構成員もまた意識を変革していくことが求められる。このことに鑑み，第8章では，Habermas の主張する討議倫理（Diskurseethik）に関する議論を基盤とした，組織における相互コミュニケーションの重要性を示唆する。とりわけ，本研究の主たる研究対象である医療法人は，様々な専門職従事者によって構成されていることから，こうした相互コミュニケーションを行うことは，専門性の高さに起因する内部の「閉鎖性」を緩和することにも繋がる。また，医療法人が経営倫理を実践していくためには，組織外部との関わりも不可欠である。かかる理解を踏まえれば，討議倫理の議論は，医療法人が経営倫理を実践

図序-1　本研究の構成

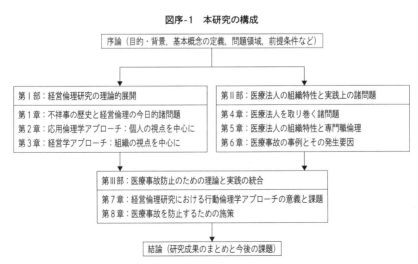

出所：筆者作成。

していく上で，組織内部と組織外部の双方において，その基盤を確立するための重要な役割を担うであろう。

　結論では，「経営倫理の理論的展開」に関する考察，「医療法人の組織特性と実践上の諸問題」に関する考察，そして「医療事故防止のための理論と実践の統合」に関する考察，それぞれの議論を整理するとともに，本研究における総括的主張と研究成果を述べる。さらに，本研究から導出された成果が，医療法人のみならず他の組織にどの程度援用できるのかを論じることで本研究の限界も示唆する必要があろう。これにより，本研究における限界と，本研究では対象としなかった範囲を明確にすることで今後の研究課題について整理する。

3　本研究における基本概念の定義と位置付け

3-1　経営倫理の定義

　経営倫理という語句は，"Business Ethics" の邦訳である。この語句は，「経営倫理」の他にも「企業倫理」，「経営倫理学」，「企業倫理学」などとも訳され，論者によって使用方法は異なっている。その理由は，"business" をどのように捉えるかによるものであろう。

　水谷（1998）はこれを「経営倫理」として，経営倫理とは，「あらゆる組織が活動を行う上で，違法行為を含む，反社会的行為を否定する考え方」と定義している。さらに，企業倫理とは，「企業の活動における経営倫理」であると定義していることから，経営倫理は企業倫理を包摂する概念であると述べている（水谷 1998, 2-3 頁）。したがって，水谷（1998）は，"business" という語句を，企業における営利追求を主たる目的とした活動に限定するのではなく，あらゆる組織における活動として捉えていると理解することができよう。

　他方，中村（2003a）は，財貨もしくはサービスを商品として生産し，またそれを販売する事業活動において，社会から求められる倫理に相反する行為が発生した際，その責任主体が個人ではなく，事業活動を遂行する組織に問われるとすれば，"business" という語句は，事業組織体としての「企業」と捉えるべきであると述べている（中村 2003a, 3 頁）。これにより，中村（2003a）は，"Business Ethics" を「企業倫理」としている。

　"Business Ethics"は，事業組織体としての「企業」が引き起こした組織不祥事を背景に発展してきた（第1章詳述）。このことに鑑みれば，"Business Ethics"が当初対象としていたのは事業組織体としての「企業」であると考えることもできる。しかしながら，近年では，こうした「企業」のみならず，他の組織における組織不祥事も社会に大きな不利益を与えている。したがって，本研究では"business"という語句を「企業」として捉えるよりも，「事業活動」として捉え，あらゆる組織に倫理的行動の実践が求められていることを強調する必要があると考える。そのため，本研究では"Business Ethics"の邦訳として「経営倫理」という語句を用いる。その上で，経営倫理とは「法律の枠を超えたグレー・ゾーンにおける個人，あるいは組織の行動の善悪を規定する考え方」（Crane and Matten 2004, p. 9）と定義する。

3-2　倫理制度の定義

　「経営倫理の制度化」が進展し，今日では多くの組織が倫理制度を確立している。倫理制度には，担当役員の任命，倫理委員会の設置など，組織化に関わる側面と，倫理綱領，行動指針，行動原則，あるいは倫理プログラムなど，組織における「個人」（組織構成員）に倫理的行動を促進する側面がある。また，倫理教育や倫理相談体制のように，両方の側面を含むものもある。本研究では，こうした様々な仕組みの集合を示す語句として「倫理制度」を用いる。

3-3　組織不祥事の定義

　「組織不祥事」という語句やこれが意味する内容は広く社会に認知されている。たとえば，企業における組織不祥事であれば「総会屋対策，インサイダー取引，損失補填，独占禁止法違反，違法献金，談合問題に関係した不祥事」（日本経営倫理学会監修／水谷編 2003, 75 頁）や「杜撰な食品衛生管理，食肉の産地偽装，農薬や香料の不正使用，粉飾決算，製品の欠陥隠蔽，設備点検の虚偽記載」（岡本・今野編 2003, 214 頁）などがある。また，医療法人における組織不祥事であれば，医療事故とその隠蔽や製薬企業との癒着などが挙げられる。これらの多くは，「不祥事」という語句が本来意味する「めでたくないこと」あるいは「喜ばしくないこと」と呼べるものではなく，むしろ明らかな

「犯罪行為」が含まれている。言い換えれば，こうした不祥事の中には，不注意や偶然性に起因する非意図的な「事故」も含まれており，この意味で「組織不祥事」という語句が意味する内容は多岐にわたっている。

　本研究では，意図的であるか否かにかかわらず，結果的に社会に重大な不利益をもたらすような事象に関しては「組織不祥事」の中に含めることとする。なぜなら，非意図的に発生した事象であったとしても，社会に対して不利益を与えることに変わりはなく，またそのような「事故」の多くはその結果にいたるプロセスに問題があることが多いからである。かかる理解を踏まえ，本研究では「不祥事」を間島（2007）に依拠し「公共の利害に反し，（顧客，株主，地域住民などを中心とした）社会や自然環境に重大な不利益をもたらす企業や医療法人，政府，NPO などにおける組織的事象・現象のこと」（間島 2007, 2頁）と定義する。

3-4　医療法人の定義

　医療法人は，医療法により「病院，医師若しくは歯科医師が常時勤務する診療所又は介護老人保健施設を開設しようとする社団又は財団」と定義されている（医療法：39 条 1 項）。さらに，医療法人は，公益性の高さ，法律，非営利性，あるいは持分の可否により，医療法人（特定医療法人[1]を含む），特別医療法人[2]，社会医療法人[3]，基金拠出型医療法人[4]，経過措置適用医療法人[5]（出資額限度法人[6]を含む）の 5 つに分類される[7]。

　このように，ひとくちに医療法人といってもその組織形態は様々である。本研究では，これらを個別にみていくのでなく，これらに共通する特徴，すなわち，非営利原則に基づく「公共性」と専門性の高さによって生じる「閉鎖性」を考察することによって，日本における医療法人の組織特性とそれによって生じる課題事項を剔抉することを試みる。

4　本研究の前提条件と対象範囲

　本研究は，「医療法人における経営倫理の実践」を考察することを目的としているため，その対象範囲が限定される。したがって，以下の点に留意する必

要がある。

　第一に，今日，社会において活動する様々な組織には，あらゆる組織に共通する側面と個々の組織独自の側面とがある。本研究では，医療法人を主たる研究対象としていることから，他の組織（たとえば，企業や学校法人など）の組織特性に基づく側面は対象外としている。したがって，本研究における議論が，他の組織にそのまま援用できるとは限らない点に留意が必要である。しかしながら，本研究において主張するダブル・ループ学習による倫理教育の実践や討議倫理の議論を踏まえた上での統合アプローチの実践は，他の組織における組織不祥事の防止にも一定の示唆を与えることができ，この点において本研究の意義を見出すことができよう。

　第二に，本研究では，とりわけ日本の医療法人を強く意識している。しかしながら，法律や制度の相違から，国・地域ごとに医療法人を取り巻く外部環境は大きく異なる（日本とアメリカにおける制度の相違は，第5章に詳述）ことから，本研究の議論だけでは，他の国・地域における医療法人を説明できない側面があることに留意が必要である。

　第三に，本研究では，「医療」という分野において重要な倫理的課題事項のひとつである医療倫理，あるいは生命倫理の問題を対象外としている。なぜなら，医療倫理や生命倫理に関わる問題（臓器移植，安楽死，妊娠中絶の是非など）は，臓器の提供者や患者の置かれた状況，あるいは個々人の考え方，価値観（個人倫理）によって様々であり，その是非を議論することは，本研究の論旨と異なるからである。しかしながら，こうした医療倫理や生命倫理をめぐる倫理的課題事項について考える上で，医療従事者と患者との相互コミュニケーションを通じた，互いの承認を得ることが重要であり，この意味において，かかる倫理的課題事項に対応するためにも経営倫理の実践が重要であろう。

　最後に，本研究では医療法人における組織構成員に関して，医療従事者を主に対象としている。しかしながら，医療法人を構成する組織構成員は医療従事者だけではない。この点に関して，討議倫理の議論における組織倫理と個人倫理の統合を図ることの重要性は，医療従事者以外の組織構成員にも同様の示唆を与えることができよう。しかしながら，医療従事者（とりわけ医師）は，専門性の高さに起因して，大きな権限を有している。こうした権限の非対称性に

よって生じうる組織内の格差の問題は本研究の対象外としている。

5　従来の研究と本研究の特徴

5-1　経営倫理研究に関する先行研究と本研究の特徴

　前述のように，経営倫理研究には2つの代表的なアプローチ（応用倫理学アプローチと経営学アプローチ）がある。応用倫理学アプローチは，規範倫理学をその基礎として発展してきた（第2章詳述）ことに対し，経営学アプローチは，「企業と社会」論（Business and Society）をその基礎として議論が展開されてきた（第3章詳述）。前述のように，近年では，企業のみならず様々な組織が倫理制度を確立していることから，これら両アプローチにおける研究が，「倫理制度の充実」という点において結実しているといえよう。しかしながら，それでもなお，組織不祥事が頻発する背景には，かかる両アプローチを踏まえた従来の経営倫理研究に見落としている点，あるいは不足している点があるのではないかと考えられる。

　Trevino ら（2011）の研究によれば，組織における個人が倫理的行動を実践する際，彼（女）らはまず倫理的課題を「認知」し，その上で，複数ある選択肢の中から最も倫理的な行動とは何かを「判断」する。そして，実際にそれを行動に移す「意思決定」を行い，実際に行動するというプロセスを経る（Trevino and Nelson 2011, pp. 70-75）。こうした倫理的行動を実践するプロセスは図序-2 のように表記される。従来の経営倫理研究は，応用倫理学アプローチであれ，経営学アプローチであれ，「どのような制度を確立するのか」ということに主眼が置かれており，言い換えれば，かかるプロセスにおける「判断」の段階に焦点を当てているといえよう。しかしながら，ここで2つの問題を指摘することができる。

　第一に，「判断」の段階に焦点を当てることは，行為主体が倫理的課題の存在を「認知」していることを前提としている点である。この問題点を補完するために，本研究では，「どのように行動するべきか」を中心に議論する従来の経営倫理研究に，「いかなる人間（あるいは組織）であるべきか」を考察の目的とする徳倫理の視座を加えることで，組織の存在意義を再考することの重要

図序-2　倫理的行動を実践するプロセス

認　知　➡　判　断　➡　意思決定　➡　行　動

出所：Trevino and Nelson（2011），pp. 70-75 を参考に筆者作成。

性を主張する。

　第二に，人間は頭では「とるべき行動」を理解していたとしても，それを実際に行動に移せるとは限らないという点である。この問題点を補完するために，「意思決定」の段階に焦点を当てた行動倫理学アプローチを取り上げ，個人（あるいは組織）を非倫理的行動へと陥れる要因を明らかにする（第7章）。

　さらに，これらを統合的に捉え，倫理的行動を実践するプロセス全体に焦点を当て，経営倫理の実践を議論する点に本研究の意義を見出すことができると考える。

5-2　医療法人を対象とした先行研究と本研究の特徴

　医療法人を対象とした先行研究として，岩森（2002）による『現代経営学の再構築—普遍経営学への小歩—』，小島（2008）による『医療システムとコーポレート・ガバナンス』，ならびに瓜生原（2012b）による『医療の組織イノベーション』などが挙げられる。岩森（2002）は，アメリカと日本の医療制度の比較，あるいは医療法や医師法，薬剤師法などの整理を通じて，日本の医療法人の組織特性を考察している。小島（2008）は，イギリスにおける病院経営のコーポレート・ガバナンスを基盤として，日本の医療法人にコーポレート・ガバナンスの実践が求められていることを主張している。また，瓜生原（2012b）は，医療倫理，とりわけ移植医療や臓器移植の問題を専門職倫理との関係から考察している。これらの先行研究は，今日，医療法人を取り巻く諸問題を解消するために重要な視点であり，有意義な研究といえる。しかし，医療法人と経営倫理を結びつけた研究はあまりみられない。

　また，本研究において取り上げる医療事故に関する第三者委員会による報告書や日本医療評価機構の調査による医療事故の発生要因をみてみると，制度の機能不全や個人の行動に関わる要因などが挙げられている（第Ⅱ部参照）。本

研究では，こうした制度の機能不全がなぜ起こるのか，あるいは「観察を怠った」，「判断を誤った」など個人の行動に関わる要因がなぜ生じるのか，といった疑問を念頭に，これらの要因と医療法人の組織特性とを結びつけ，経営倫理の観点から医療事故を防止するためになにが求められているのかを考察する点に新規性を見出すことができると考える。

注：
1　「特定医療法人」とは，租税特別措置法第67条の2に定める医療法人であり，特に公益性の高い医療法人に対し，国税庁長官が承認するもの。
2　「特別医療法人」とは，改正前医療法第42条第2項および，これに基づく厚生省令に定める基準に適合する医療法人であり，都道府県の認可を必要とするもの。
3　「社会医療法人」とは，第5次医療法改正により創設された制度に基づいて認定された公益性の高い医療法人である。地域に必要な救急医療などを安定的に提供するために，公立病院を補完するような役割を担う民間病院。
4　「基金拠出型医療法人」とは，剰余金の分配を目的としないという医療法人の基本的性格を維持しつつ，その活動の原資となる資金を調達し，その財産的基礎の維持を図ることを目的とした基金制度を導入している持分のない社団医療法人。
5　「経過措置適用医療法人」とは，医療法の改正前（2007年4月1日以前）に設立された医療法人であり，現在は，持分の定めのある医療法人の設立は認められていない。
6　「出資額限度法人」とは，定款を変更し，払い戻しを行うことにより，相続税の負担を軽減し，医療法人からの出資持分の払い戻しができるようにする制度に基づいて設立された医療法人。
7　各医療法人の説明に関しては，一般社団法人日本医療法人協会HPならびに厚生労働省HPを参照。

第Ⅰ部

経営倫理研究の理論的展開

第1章

組織不祥事の歴史と経営倫理の今日的諸課題

1　本章の概要と目的

　19世紀末以降，株式会社制度の下で，企業の規模が拡大し，それに伴い，企業が社会へ与える影響も大きくなってきた。さらに，こうした企業規模の拡大とともに，独占企業が台頭し，公正な自由競争を阻害し，消費者へ不利益をもたらすことが危惧されるようになった。アメリカ政府は，このような独占の形成を制限するために，1890年にシャーマン反トラスト法（Sherman Antitrust Act）を制定した。しかしながら，20世紀を通じて，アメリカに限らず先進国を中心に企業の大規模化は進展し，企業の過度な経済的利益の追求が様々な組織不祥事を引き起こす要因にもなった。このような企業の反社会的，あるいは非倫理的行動は社会から多くの批判を集めることとなり，こうした背景の下で，経営倫理の概念は社会に浸透していったのである。

　今日では，営利追求を主たる目的とする企業のみならず，様々な組織が事業活動における「倫理」の重要性を認識した上で，倫理制度を整備し，それを確立することに注力していることから，これまでの経営倫理研究に一定の意義があることは言うまでもないであろう。他方で，こうした倫理制度を確立している組織であっても組織不祥事が発生するという事例は珍しくなく，中には一度のみならず何度も繰り返し組織不祥事を引き起こしている組織も存在している。この背景には，既存の倫理制度が形骸化してしまっていることがひとつの要因であると考えられる。つまり，多くの組織が倫理制度を整えているものの，これが組織構成員の行動レベルにまで浸透していないということを指摘す

ることができよう。したがって，あらゆる組織にとって，倫理制度を組織内に
浸透させ，実践に結びつけることが喫緊の課題である。

　さらに近年，急速に進展するグローバル化や技術革新を受けて，従来にはな
かった，あるいは表面化してこなかった課題事項も存在している。こうした新
たな課題事項が主要な要因となって組織不祥事が引き起こされることも考えら
れる。したがって，組織構成員は自らの組織が確立した倫理制度を遵守さえし
ていれば良いというわけではない。組織構成員がこうした「受け身」の意識で
は組織不祥事を防止することには限界があろう。組織の管理者あるいは倫理制
度の策定者は，倫理教育を通じてすべての組織構成員に組織不祥事を未然に防
止する，つまり積極的に経営倫理を実践する意識を組織構成員に根付かせるこ
とが重要なのである。この意味で経営倫理の実践において倫理教育が果たす役
割は極めて重要であるといえる。そのためには，そもそも組織不祥事がなぜ発
生するのか，その本質的な発生要因を明らかにする必要があると考えられる。

　かかる理解を踏まえ，本章ではまず，アメリカと日本においてそれぞれどの
ようにして経営倫理研究が展開されてきたのかを，各国においてこれまで発生
してきた組織不祥事の歴史とともに整理する。ひとくちに組織不祥事といって
も，この語句が表す内容は，不注意や過失に起因する「事故」から当事者が意
図的に引き起こす悪質な「犯罪」まで幅広い。したがって，その発生要因もま
た様々であるといえる。そこで，こうした組織不祥事の発生要因を分類するこ
とによって，どのようなメカニズムのもとで組織不祥事が引き起こされるのか
を導出することを目的とする。

　加えて本章では，とりわけ「組織」とその組織に属する「個人」の関係に
焦点を当てて議論を展開していくこととする。言うまでもなく，「組織」と
は「個人」の集合体であり，組織にはひとつの協働システムとして求められる
「組織倫理」と，個々の組織構成員が有する「個人倫理」とが混在している。
こうした属性の異なる「倫理」がときに相反した際，組織不祥事へと発展する
こともあるのではないだろうか。したがって，組織の管理者は複雑な協働シス
テムの中で「組織倫理」と「個人倫理」との調整を行っていく必要がある。こ
のことに鑑み，本章では「組織」の中での「個人」の位置付けを図った上で，
組織不祥事の発生要因に関して「組織倫理」と「個人倫理」という視点から考

察していく。

2　組織不祥事の歴史とその発生要因

　序論において定義したように，本研究において「組織不祥事」とは「公共の利害に反し，（顧客，株主，地域住民などを中心とした）社会や自然環境に重大な不利益をもたらす企業や医療法人，政府，NPO などにおける組織的事象・現象のこと」（間島 2007, 2 頁）を意味する。周知の通り，組織不祥事は近年になって注目されるようになったわけではなく，組織不祥事そのものは以前より存在していたのである。こうした組織不祥事の頻発に鑑み，企業と社会との関係が議論されるようになり，経営倫理の概念が誕生し発展してきた。したがって，経営倫理と組織不祥事とは非常に密接な関係にある概念なのである。

　本節では，アメリカにおいて誕生した経営倫理の概念はどのような背景のもとで誕生したのか，そして日本ではどのように展開されてきたのかを組織不祥事の歴史とともに整理する。グローバル化や技術革新の進展など，組織を取り巻く外部環境の変化に伴い，組織不祥事の内容は従来に比して複雑かつ悪質となっている。こうした状況において，今日，経営倫理の実践においてどのような課題があるのか，組織不祥事の歴史を整理することでこれを剔抉していく。

2-1　アメリカにおける経営倫理の誕生とその背景

　アメリカでは，19 世紀末から 20 世紀初頭にかけて大規模企業が台頭するようになり，企業が巨大な権力や影響力を有するようになったことに比例して，その反社会的，あるいは非倫理的行動が社会から批判されるようになった。加えて，批判者たちは，前述のシャーマン反トラスト法の制定など，法や規制によって，企業の権力を制限しようとした。こうした社会からの批判に対し，一部の企業家は，企業の権力を経済的利益の追求のためだけに行使するのではなく，広く社会的な目的のためにも自発的に用いるようになった。たとえば，カーネギーやロックフェラー，そしてモルガンらは，教育機関や慈善団体への多額な寄付を行った。また，フォードは，従業員の健康やレクリエーションの要求に応えるための温情主義（paternalism）[1]的プログラムを展開した（Post,

Lawrence and Weber 2002, pp. 60-61, 翻訳書 67 頁)。

　他方で，学問の側面に目を向けてみると，エプスタイン（2003）は「アメリカの経営学教育における経営倫理の領域を概観してみると，経営倫理に関する学問的関心は，19 世紀末にすでに存在していた」（エプスタイン 2003, 203 頁）と主張している。さらに，1898 年に設立されたカリフォルニア大学バークリー校のハース・ビジネス・スクールでは，経営教育の中に倫理関連の科目が設置されていた（鈴木 2010, 61 頁）。また，20 世紀のアメリカにおいて，経営倫理に関する議論には 3 つの大きな波があったとされ，第一が 1920 年代，第二が 1950 年代から 1960 年代初頭，第三が 1970 年代後半以降である（エプスタイン 1996, 133 頁）。これらはいずれも「国民的な危機の時期（第一次世界大戦，ベトナム戦争，ウォーターゲート事件）の後に，もしくは社会に不利益をもたらす企業行動の証拠が公になった際に最も表面に現れた」（エプスタイン 1996, 154-155 頁）のである。

　このように経営倫理に関する議論は古くからあったが，AOM（Academy of Management：アメリカ経営学会）に SIM（Social Issues in Management：社会的課題事項）部会が設立されこと（1971 年），AACSB（The Association to Advance Collegiate Schools of Business）[2]が，ビジネス・スクールに経営倫理関連科目の設置を要求したこと（1976 年），そして，SBE（Society for Business Ethics：アメリカ経営倫理学会）の設立（1979 年）など（エプスタイン 2003, 210-211 頁）に鑑みれば，同概念がアメリカにおいて学術的に最も興隆したのは 1970 年代から 1980 年代にかけてであり，その大きな要因となったのが企業による組織不祥事であったといえよう。

　1980 年代のアメリカは，新自由主義思想の下で金融の自由化と規制緩和が進み，市場の活性化が促進された時代であった。こうした中で，企業は自社の短期的利益を最大化させることを第一の目的とし，競争の激化した市場の中で生き残るためにジャンク・ボンド（くず債権）の発行等の借金による企業買収（LBO）やコングロマリット型合併など多様な M&A（Merger and Acquisition）を行うことで企業価値の最大化を図っていった。さらに，企業規模の拡大に伴い企業の多国籍化や市場のボーダーレス化も進展し，ひとつの企業が有する力は次第に国家のコントロールを超えるに至った。

　こうした企業の諸活動は，人々の生活の様々な局面に大きな影響を与える一方，企業に対する社会（すなわち，消費者をはじめとする市民）の要請が高まったのである。たとえば，大気・水質・土壌の汚染が深刻化した。これを受けて，1962年にレイチェル・カーソン（Rachel Carson）は *Silent Spring*（『沈黙の春』）を出版し，合成化学物質の危険性を主張した。この自然保護の訴えは，当時アメリカの大統領であったJ・F・ケネディも動かした。また，消費者問題では，ラルフ・ネーダー（Ralph Nader）が *Unsafe at Any Speed: The Designed-In Dangers of the American Automobile* を著し，消費者保護を主張したのである（鈴木 2010, 62頁）。

　1970年代から1980年代には，内部告発の動き，またロッキード事件を契機に海外腐敗行為防止法（The Foreign Corrupt Practices Act）[3]が制定された。さらに，1980年代半ばに防衛産業での組織不祥事が明るみになったことにより，企業に対して経営倫理の実践を求める要請が強まった（鈴木 2010, 64頁）。加えて，ウォーターゲート事件に伴って明るみに出た企業の不正献金に対する反省から，1974年9月から1年間にわたりアメリカ企業の経営者によって「過去・現在・将来における企業の社会的責任」を主題とする討論会が開催された。この討論会では，企業における道徳性（morality）あるいは倫理（ethics）の絶対的な重要性が強調された（中村 1994, 252-253頁）。

　また，1980年代になると，グローバル化の進展とともに，地球規模での環境問題の意識も高まり，こうした様々な社会からの要請を考慮し，企業は自主的に行動規範を整備するようになり「経営倫理の制度化」を通じて，組織不祥事の防止に取り組むようになった（第3章：第4節に詳述）。

　このように，アメリカにおける経営倫理研究は，企業規模の拡大に伴い企業活動が社会に与える影響もまた強大なものとなり，こうした企業が引き起こした組織不祥事を背景に発展してきた。経営倫理研究が進展するにつれ，経営倫理は「制度化」という形でより実践へと結び付けられた。今日では，企業のみならず多くの組織が倫理制度を確立していることから，20世紀における経営倫理研究の成果が実を結んでいることは明らかであろう。しかし一方で，2001年のエンロンや2002年のワールドコムによる粉飾決算，リーマン・ブラザーズの経営破綻（2008年）など2000年以降も企業による組織不祥事が相次いで

表1-1　1980年代から2000年代におけるアメリカの主な組織不祥事

1980年	ファースト・ペンシルベニア銀行の緊急救済
1982年	ジョンソン&ジョンソンのタイレノール事件
1984年	ユニオン・カーバイドによるボパール化学工場有毒ガス漏洩事件
1986年	防衛産業スキャンダル
1986年	スペースシャトル・チャレンジャー号事件
1989年	エクソンのバルディーズ号原油流出事件
1996年	ナイキの児童労働問題の発覚
2001年	エンロンの不正会計事件
2002年	ワールドコムの不正会計事件
2008年	リーマン・ブラザーズのサブプライムローン問題

出所：筆者作成。

発生している。その最大の要因は，グローバル化や技術革新の進展に伴い，組織を取り巻く外部環境が変化し，組織不祥事の内容もまた質的に異なっていることが挙げられよう。したがって，従来の経営倫理に関する研究（理論）と組織不祥事の発生（実態）との間に乖離が生じていると考えられる。このことは，アメリカのみならず，アメリカにおける経営倫理研究の影響を強く受けている日本においても同様のことがいえよう。このことに鑑み，次項では，日本における経営倫理研究の史的展開を組織不祥事の歴史とその質的変化とともに論じていく。

2-2　日本における組織不祥事の歴史と経営倫理研究の展開

　前述のように，日本における経営倫理研究やその分野における取り組みは，アメリカの経営倫理研究の影響を受け，1990年に入ってからようやく進展してきたとされる。しかし，倫理に関する思想は古くから存在していた。たとえば，聖徳太子の「憲法十七条」，とりわけ「第九条：信は是れ義の本なり」では「万事を成すに信が必要として，信こそ義の本になること」を強調している。また，商いの道徳として有名なのは，徳川時代に朱印船貿易を開いた角倉了以と角倉素庵であり，彼らの船中規約には道徳の精神が盛り込まれており「義（道徳）と利（利益）の一体化」を唱えている（福留・田中 2001, 4頁）。

　明治時代以降になると，三菱，三井，住友などの財閥の家訓としてもこうした現代の経営倫理に通じる思想がみられる。たとえば，三菱財閥を築いた岩崎弥太郎は「正当な利益を得るに努めることは事業として当然だが，事業の第一義の目的は国利民福に寄与すること」と主張し，社会の繁栄と福祉の向上が企業の目的であると位置付けた（福留・田中 2001，10頁）。このように，経営における倫理の思想は古くからあったものの，これは一部の組織という域を出ることはなく，組織，とりわけ企業の活動に倫理を求める社会からの要請が高まったのは戦後になってからであった。

　戦後間もなく，1948年に発生した昭電疑獄など企業と政治家との贈収賄事件が相次ぎ，その後，1950年代半ばにおける水俣病やイタイイタイ病の表面化以降，1960年代から1970年代にかけて公害問題が重大な社会問題として注目されるようになった。さらに，1988年にはリクルート事件，そして1990年代に入るとゼネコン汚職，第一勧業銀行（現在のみずほ銀行）による総会屋利益供与事件，あるいは山一証券による粉飾決算などの組織不祥事が引き起こされた。こうした状況の中，日本では，1993年に日本経営倫理学会が設立されるなど，この頃より経営倫理が盛んに議論されるようになった。

　2000年以降になると雪印乳業集団食中毒事件（2000年），雪印食品・日本ハム牛肉偽装事件（2002年），NTTドコモ関西による個人情報漏洩事件（2003年）など，消費者にとってより身近といえる組織不祥事が大きな社会的批判を呼ぶこととなった。20世紀に発生した公害問題や地球環境問題なども長期的にみれば消費者に甚大な不利益を与える組織不祥事であったが，こうした消費者の日常生活に直接関わる組織不祥事が注目されるようになったことは2000年代の特徴といえる。

　近年では，情報技術の進展，とりわけスマートフォンの急速な普及に伴い，消費者は容易に大量の情報を入手できるようになった。さらに，Facebook やTwitter をはじめとする SNS（Social Networking Services）の発達によって，消費者は情報を入手するのみならず，グローバルに発信することも可能となり，「個人」の有する影響力は非常に大きくなっている[4]。こうした著しい外部環境の変化の中で，今日組織が経営倫理を実践するためにはどのような課題があるのだろうか。次項では，組織不祥事がなぜ発生するのか，その発生要因

表 1-2　1990 年代後半から 2015 年における日本の主な組織不祥事

1997 年	ミドリ十字薬害エイズ事件
1999 年	JCO 臨界事故
1999 年	横浜市立大学附属病院患者取り違い事件
2000 年	三菱自動車リコール隠し事件
2000 年	雪印乳業集団食中毒事件
2001 年	東京女子医科大学病院医療事故・隠蔽事件
2002 年	東京電力・東北電力・中部電力原発点検の虚偽記載，隠蔽事件
2002 年	雪印食品・日本ハム牛肉偽装事件
2002 年	ダスキン（ミスタードーナツ）無認可添加物入り肉まん事件
2002 年	三菱ふそうトラック車輪脱落死傷事件
2002 年	慈恵医大青戸病院医療事故
2003 年	NTT ドコモ関西など相次ぐ個人情報漏洩
2004 年	三菱自動車 2 度目のリコール隠し事件とそれに伴う業務上過失致死
2005 年	JR 西日本宝塚線（福知山線）脱線事故
2005 年	耐震強度偽装事件
2006 年	ライブドア事件
2006 年	シンドラー社製エレベータ故障死亡事件
2006 年	村上ファンドインサイダー取引事件
2007 年	船場吉兆食品偽装事件
2007 年	ミートホープ，加ト吉など牛肉ミンチの品質表示偽装事件
2007 年	石屋製菓賞味期限改竄事件
2008 年	西松建設汚職事件
2009 年	JR 東日本信濃川発電所虚偽報告事件
2010 年	大阪地検特捜部主任検事証拠改竄事件
2011 年	大王製紙巨額借入事件
2011 年	オリンパス粉飾決算事件
2013 年	阪急阪神ホテルズメニュー偽装事件
2013 年	JR 北海道検査データ改竄事件
2013 年	みずほ銀行反社会的勢力融資事件
2014 年	群馬大学医学部附属病院の腹腔鏡手術後死亡事件
2014 年	東京女子医科大学病院の医療事故隠蔽事件
2014 年	ベネッセ個人情報流出事件
2015 年	千葉県がんセンターの腹腔鏡手術後死亡事件

出所：間島（2007），4 頁を基に加筆修正。

を考察するとともに，経営倫理の課題を考察していくこととする。

2-3　組織不祥事の発生要因

　ここまで確認してきたように，アメリカと日本の両国においては，組織不祥事の発生に鑑み，倫理制度を整備・確立するようになった。たとえば，アメリカでは，「防衛産業イニシアチブ（Defense Industry Initiative：DII）」や「連

邦量刑ガイドライン（Federal Sentencing Commission Guideline）」を基礎とするコンプライアンスを重視する倫理制度の確立に注力している（第 3 章：第 4 節に詳述）。日本でも，社是，社訓，経営方針，および行動指針など名称は様々であるが，組織ごとに経営理念を示している。経営理念は，組織の組織不祥事を抑止し，事業活動に関する基本的な思想や価値判断を明示する役割を担う。さらに，企業にとって，こうした経営理念は長期的な事業戦略や経営方針，短期的な事業計画に落とし込まれ実行される。したがって，経営理念は企業における従業員のみならず，株主，顧客，取引先，地域社会などあらゆるステイクホルダーに伝達される（水谷 1998, 34 頁）。

　一方で，2000 年代以降も組織不祥事は後を絶たず発生している。前述のように，アメリカでは，エンロンやワールドコム，あるいはリーマン・ブラザーズによる組織不祥事（表 1-1 参照）が，グローバル規模で社会に大きな影響を与え，世界中から注目された。他方，日本では，表 1-2 からも確認できるように，雪印乳業および雪印食品による集団食中毒事件（2000 年，2003 年），日本ハムによる食肉偽装事件（2002 年），三菱自動車による二度のリコール隠し（2000 年，2004 年）など消費者により身近な企業による組織不祥事が注目されるようになった。

　企業の組織不祥事に共通する発生要因として「営利原則」の存在が挙げられる。言うまでもなく，企業にとって利益獲得は重要な目的であり使命でもある。しかし，今日，グローバル競争の激化と「株価至上主義」に基づく株主の圧力に伴い，短期的により多くの利益を上げなければならない環境下におかれた企業の中には「利益第一主義」，すなわち，利益を上げさえすれば良いという考え方のもと，法律さえ守れば良いとする企業のみならず，法定されていることさえ守らない企業も存在している（松田 2010, 137 頁）。そのため，企業が自社の利潤追求のために多くのステイクホルダーを無視した結果，組織不祥事へと繋がったと考えられる。

　企業が組織不祥事を引き起こす要因は「営利原則」だけではない。組織内において，機会主義（組織の階層構造において，組織構成員が自らの個人倫理を抑えて上司の指示や期待に盲目的に従う「個人的機会主義」の問題ならびに「市場」の評価に依存する企業が倫理的視点を考慮することなく，もっぱら経

済的利潤のみを追求するという「体制的機会主義」問題）は避けて通れない問題である。

　これらの問題は，企業のみならずすべての組織に起こりうることである。営利追求を主たる目的としない非営利組織でさえ，持続的な活動のために一定の利益を追求しなければならない。とりわけ，今日，国内の多くが赤字経営である医療法人にとって，経営状況の回復は喫緊の課題といえよう。このように逼迫した経営状況において，組織の管理者が経営状況をよく見せようと会計不正を行うことや人件費削減のために組織構成員ひとりひとりへの負担を増加させた結果，組織構成員の注意力が散漫になり大きな組織不祥事へと発展する事態が，医療従事者の過重労働や過労死，医療事故として社会において大きな関心と議論を集めている。

　かかる問題を解決するために，言い換えれば，組織が経営倫理を実践する上で，倫理制度は，企業内で必然的に生じる機会主義を排除するために不可欠なものであり，以下の2つの役割を果たす。すなわち，倫理制度は，倫理的・批判的論証を可能にし，鼓舞する「オープン化（öffnen）」する（参加者の討議により倫理的規範を自主的に決めていく）役割と，それを通じて倫理的に根拠付けることのできない行為オプションを「排除する（ausschließen）」役割とを同時にもつという点である（風間 2003, 51-52 頁）。こうした役割を十分に発揮するためには，倫理制度を整えることに終始することなく，すべての構成員の行動レベルにまでそれを浸透させることが必要なのである。

3　組織目的の達成と個人倫理の実現

　ここまで確認してきたように，経営倫理研究は組織不祥事の歴史とともに展開されてきた。つまり，経営倫理の主たる目的とは，組織不祥事を防止することであり，そのための施策として倫理制度があるといえる。既存の倫理制度の多くは，過去の組織不祥事を省みて自らの組織が同様の状況下に置かれた際，組織不祥事へと発展することを防止することを目的としている。しかし，いかに過去の失敗から学習したとしても，それだけでは著しく変化する社会の中で組織不祥事を防止することには一定の限界があるように思われる。したがっ

て，組織不祥事を防止するためには，組織における「個人」に目を向け，いま一度「『組織』とはどういったものなのか」という点から考えてみる必要があろう。

　中村（2003b）が示すように，組織不祥事を防止するためには組織外部のステイクホルダーとの関係にも注目する必要がある。しかし，本章では組織内部に焦点を当て「組織」と「個人」の関係に焦点を当てて議論を展開していく。中村をはじめ，これまで多くの論者が組織，とりわけ組織の管理者は組織内外問わず様々なステイクホルダーとの関係において「組織はどのように対応するべきか」を論じている（表1-3参照）。しかし，そもそも「組織とはどうあるべきか」といった根本的な議論を取り扱う研究は少ない。このことは，組織が組織不祥事を引き起こした際に「コンプライアンス意識を向上せよ」や「健全な組織風土を醸成せよ」といった具体的な「行動」を求める主張が多いこと

表 1-3　経営倫理の課題事項—関係領域と価値理念—

【関係領域】	【価値理念】	【課題事項】
①競争関係	公正	カルテル，入札談合，取引先制限，市場分割，差別対価，差別取扱，不当廉売，知的財産権侵害，企業秘密侵害，贈収賄，不正割戻など
②消費者関係	誠実	有害商品，欠陥商品，虚偽・誇大広告，悪徳商法，個人情報漏洩など
③投資家関係	公平	内部者取引，利益供与，損失補償，損失補填，作為的市場形成，相場操縦，粉飾決算など
④従業員関係	尊厳	労働災害，職業病，メンタルヘルス障害，過労死，雇用差別（国籍・人種・性別・年齢・宗教・障害者・特定疾病患者），専門職倫理侵害，プライバシー侵害，セクシャル・ハラスメントなど
⑤地域社会関係	共生	産業災害（火災・爆発・有害物漏洩），産業公害（排気・排水・騒音・電波・温熱），産業廃棄物不法処理，不当工場閉鎖，計画倒産など
⑥政府関係	厳正	脱税，贈収賄，不当政治献金，報告義務違反，虚偽報告，検査妨害，捜査妨害など
⑦国際関係	協調	租税回避，ソーシャル・ダンピング，不正資金洗浄，多国籍企業の問題行動（贈収賄，劣悪労働条件，年少者労働，公害防止設備不備，利益送還，政治介入，文化破壊）など
⑧地域環境関係	最小負荷	環境汚染，自然破壊など

出所：中村（2003b），8頁。

からも見受けられる。他方で，組織不祥事を引き起こした組織は，「組織の存在意義」という根本的な疑問に対する答えを要請している。組織不祥事を防止するために「どのような倫理制度を確立するべきなのか」，そして「どのように組織内に浸透させるのか」を議論することの重要性は言うまでもない。しかし，その前提として本章ではまず「組織はどうあるべきなのか」，そこで確立される「倫理制度は『誰のために』，そして『なんのために』あるのか」を議論していくこととする。

3-1　協働システムと組織

　我々が生活をしている社会には，企業，医療法人，政府，学校法人など様々な組織が存在している。しかし，これらの組織はそれぞれ目的，設備，そこで働く組織構成員の特性によって異なっている。それにもかかわらず，これらを総じて「組織」と表すのは，そこに「組織」と呼ぶ共通性が存在しているからである。

　厳密に言えば，企業，医療法人，政府，学校法人などは「協働システム（cooperative system）」と呼ばれる。協働システムとは「少なくともひとつの明確な目的のために，2人以上の人々が協働することによって，特殊な体系関係にある物的，生物的，個人的，社会的構成要素の複合体」（Barnard 1938, p. 23）である。前述したように，協働システムごとに相違がみられるのは，ここでいう目的や物的，生物的，個人的，社会的構成要素，そしてそれらの特殊な体系関係のあり方に相違があるからである。このことを踏まえれば，あらゆる協働システムに存在する共通性は「2人以上の人々が協働する」ことである。したがって「組織」とは「2人以上の人々の，意識的に調整された諸活動，諸力の体系」と定義される（Barnard 1938, p. 72）。

　組織が2人以上の人々によって構成される以上，必然的に組織構成員の間に相互作用が生まれ，これは組織の規模が拡大すればするほど大きくなる。こうした相互作用は必ずしも組織にとってプラスの効果を生むとは限らない。ときに，利害の対立や意見の不一致によって組織内に軋轢が生じ，組織が機能しなくなることもある。さらに今日では，グローバル化の進展に伴い，組織は様々な文化・宗教・立場などにより構成された多様な価値観を有する人々によって

構成されるようになり，その構造はますます多様・複雑となっている。したがって，組織内におけるコンフリクトが生じる危険性は従来に比して高くなっているといえよう。こうした状況において，組織内でのコンフリクトを回避するためには，組織における共通の目的を明示することが重要である。また，組織の目的を達成するためには，組織構成員が積極的に労働力を提供し，パフォーマンスを向上させることが不可欠であろう。そのためには，いかにして組織構成員個人の動機付けを行うかが重要となる。このことを踏まえ，次項ではまず組織の目的に焦点を当て，組織は「誰の」，「何の」ために存在するのかを考察していく。

3-2　組織目的と経営理念

　Barnard（1938）によれば，組織を成立させるために必要かつ十分な条件は，①共通目的（common purpose），②伝達（communication），③貢献意欲（willingness to serve）である（Barnard 1938, p. 82）。すなわち，組織は「共通の目的を共有し，組織構成員が相互に意見を伝達し合い，その目的達成のために貢献しようとする意欲をもったとき」に成立するのである。ここでいう共通目的，すなわち組織の目的とは事業活動の遂行を指す。一方で，組織はホームページなどで掲げている経営理念も有している。たとえば，トヨタ自動車であれば創業者の豊田佐吉の考え方をまとめた「豊田綱領」を基礎とし「内外の法およびその精神を遵守し，オープンでフェアな企業活動を通じて，国際社会から信頼される企業市民を目指す」や「各国，各地域の文化，慣習を尊重し，地域に根ざした企業活動を通じて，経済・社会の発展に貢献する」など7つの理念を掲げている[5]。また，世界的によく知られている大規模な医療機器メーカーであるジョンソン＆ジョンソンは「消費者，従業員，地域社会，株主に対する責任を果たすこと」を事業活動の中核に位置付け，また組織の目的として掲げている[6]。このように，組織によって言葉は違うものの，その内容に共通する点は「自社の事業活動の遂行（共通目的の達成）を通じて社会に貢献すること」である。つまり，組織の存在意義とは組織目的と経営理念の同時達成であると考えられる。ここでいう「社会」とは，組織を取り巻くすべてのステイクホルダーによって成り立っているものを意味する。

　小林（1990）は，組織の存在意義を「組織の内外問わず『他者の人格への平等な配慮』をしながら個人の自己実現と社会性を確保した協働の場であること」と主張しており，このことを「組織の正当性」と呼んでいる（小林 1990，185 頁）。つまり，組織は他のステイクホルダーとの協働を通じて自己を実現し，他者に貢献するために存在しているのである。

　グローバル化の進展とともに，いかに個々の組織規模が拡大し，その影響力も大きくなっているとはいえ，単独の組織として行うことのできる活動には限りがある。したがって，組織が社会の中で存続していくためには他の組織（あるいは他のステイクホルダー）との協働は不可欠であるということができよう。だからこそ，組織の管理者は自身の組織目的と経営理念とを明示し，他のステイクホルダーからの積極的な「関与」を促すことが求められる。また，これら組織目的と経営理念とを同時に達成するための具体的な施策として「倫理綱領」や「行動指針」，あるいは「倫理教育」がある。これらは，多様な価値観を有する人々によって構成される組織において，すべての構成員に自身の組織目的と経営理念とを共有させ，その達成のために求められる行動とはなにかを示す指針としての役割を担う。

　ここで重要なことは，組織の管理者は倫理教育を通じて組織構成員を「統制」するといった意識ではなく，組織構成員と協働して組織倫理を構築していくという意識である。ひとつの組織として追求する組織倫理と組織構成員の個人倫理とを切り分けて考えるのではなく，いかに個人倫理と組織倫理とを「調和」，「統合」するのかという意識をもつことが必要であろう。

3-3　組織目的達成のための個人倫理の向上

　組織の存在意義が組織目的と経営理念の同時達成である以上，ある特定のステイクホルダーのみに配慮し，他のステイクホルダーを蔑ろにすることは許されない。たとえば，利益をあげることよって株主への責任を果たすこと，またそれによって組織構成員の生活を保障することは組織にとって重要な責任のひとつである。しかしだからといって，環境に負荷をかけたり，消費者の安全を軽視したりすることはあってはならない。また，いかに環境や消費者の安全に配慮した事業活動をしていたとしても，それにかかる費用を考慮しなければ結

果として短期的な活動となり，最悪の場合経営悪化を招き組織構成員の雇用すら確保することができなくなり，結果として「社会に貢献する」という組織の目的も達成することが困難な状況に陥ると考えられる。つまり「利益の確保」と「環境や消費者の安全」とを両立させることは，組織にとって重要な責任であり，このことに鑑みれば，いかに非営利組織であったとしても「利益の確保」は持続的な経営のために必要な果たすべき責任なのである。

　とりわけ，近年日本における70.9%の医療法人が赤字経営とされており（2019年6月時点）[7]，非営利組織である医療法人にとっても収益の確保は重要な課題となっている。こうした状況下において，医療法人の経営者が過度な合理化を図り，非倫理的な行動をとってしまう，あるいは人員の削減により医療従事者への負担が増加することで注意力の低下をもたらし，医療事故（組織不祥事）へと発展するといったことも考えられる。その結果，様々なステイクホルダーからの信頼が喪失し，更なる経営悪化を招いてしまう。また，企業であれば，たとえば，賞味期限の切れた商品を処分する費用を削減するために賞味期限の偽装や，あるいは消費者の購買意欲を刺激するために食品の産地偽装といった組織不祥事などがその事例として挙げられよう。

　かかる組織不祥事の中には，当事者が自身の行動は悪いと認識しているものの実際に非倫理的行動をとっている場合も考えられる。すなわち，組織構成員の個人倫理を無視し，上司や他の組織構成員からの圧力によって「やらざるを得ない」状況に陥る場合や「みんなやっているから」と自身の行動を正当化させる場合も十分に考えられるのである。こうした個人倫理を無視・軽視した組織では，組織の管理者と組織構成員との間にコンフリクトが生じやすくなり，さらなる悪循環をもたらしうる。もちろん，組織の管理者が個人倫理を重視することによって，こうした問題を完全に排除できるとは限らない。しかし，組織構成員の個人倫理を高めることは，組織構成員が倫理的ジレンマに直面した際，自身で考え柔軟に対応する力を養うことに繋がる。また，組織倫理の向上には高い倫理観をもった個人の存在が前提であり，このことを踏まえれば，組織構成員の個人倫理を考慮することは，組織が自身の目的を達成するための必要な要件であるといえよう。

　しかし，組織の管理者はただ組織構成員の個人倫理を考慮さえすれば良いと

いうわけではない。個々の倫理観は様々であり，組織構成員それぞれが自身の個人倫理を主張すれば，個人間でコンフリクトが生じ組織は分裂してしまう。こうした個人間のコンフリクトを回避するために，組織の管理者は，組織目的と経営理念とを明示し，すべての組織構成員にそれを共有させることが求められる。さらに，前述のように組織の目的を達成するためには，組織構成員の積極的な「関与」と「協働」が不可欠なのである。したがって，組織の管理者にとって「いかにして組織構成員の組織への積極的な『関与』を動機付けるのか」ということもまた重要な課題であるといえよう。

4　個人動機の満足と組織倫理

　桑田と田尾（1998）によれば，組織を構成する要素は「人間そのものではなく，人間が提供する活動や諸力」（桑田・田尾 1998, 20 頁）である。つまり，個人とはパーソナリティ，個人的な信念や価値観，身体的・文化的特徴を兼ね備えた極めて複雑な存在であるが，組織を構成するのは，こうした個人ではなく，その人が提供する活動なのである。さらに，こうした個人の提供する諸活動は，組織における計画や組織構造，あるいはコミュニケーションを通じて「意識的に調整」されている。たとえば，企業のために報告書を作成している事務員は，自身の個人的関心とはまったく関係のない場所，時間，形式，内容によって仕事を遂行している。その意味で「意識的に調整された行動」という場合，その担い手が特定の個人であったとしても，その行動は「個人的」ではなく「組織的」行動となる（桑田・田尾 1998, 23 頁）。したがって，桑田らは「個人とその活動とを区別することが最も重要である」（桑田・田尾 1998, 20 頁）と主張する。

　しかしながら，第 3 節でも述べたように，組織における個人の側面を無視・軽視することはできず，この意味で組織の管理者は個人とその行動を「区別」するのではなく，いかにして個人の側面を組織に「統合」するのかを考える必要があろう。

　Barnard（1938）が明示した組織を構成する要素のひとつである「貢献意欲」とは個人が組織に「貢献したい」，「役に立ちたい」という考えに基づいて

生まれるものであり，個人の価値観，すなわち個人の側面と大きく関係している。したがって，本節では組織における個人が有する「個人人格」と「組織人格」とに焦点を当て，これらをいかにして統合するのか，そしてこれらの調和がとれない場合どのような弊害が生じうるのかを考察していく。

4-1　個人人格と組織人格

　組織は「個人人格」と「組織人格」との双方を有する組織構成員によって構成される。個人人格とは「個々の組織構成員がこれまでの経験を通じて形成してきた文化的・宗教的な信念や価値観」である。一方，組織人格とは「組織の枠組みに自らの考えや行動を準拠させ，組織の目的を達成するために組織構成員が共有している価値観」である。組織が持続的に存続していくためには，個人人格と組織人格とを調和・統合し，どのように組織目的の達成に向かわせるのかが組織の管理者の重要な役割である。

　個人は何によって動機付けられるのかに関して，Maslow（1943, 1954）やHerzbergら（1959）は欲求説（need theory）を用いて説明している。Maslowの「欲求段階説」[8]によれば，すべての人間は「成長を続けたい」という欲求（自己実現欲求）や他者から尊敬されたいという尊厳欲求を有しており，そのためにまず最も基礎的な欲求（生理的欲求）を満たすために行動し，これが十分に満たされるとより高い次元の欲求を満たすために行動する（Maslow 1970, p. 35）。また，低次の欲求はそれらの欠乏を満たすために動機付けられ，行動することから「欠乏欲求」であるとされ，その欠乏欲求は満たされることによって行動を喚起する動因が弱まる。これに対し，高次の欲求は満たされれば満たされるほど，より高い成長を求めることから「成長欲求」であるとされる（Maslow 1970, p. 37）。つまり，人間は低次の欲求から高次の欲求へと関心を高める過程において，行動から「満足」という心理的報酬を得ることによって動機付けられることから，行動そのものの意義によって動機付けられるようになるものと理解される。

　他方，Herzberg（1959）らの主張した「二要因説（two-factor theory）」は，人間がもつ欲求を低次と高次とに区分けしている点で「欲求段階説」と類似しているが，この2つの欲求は互いに逆方向に作用するという点で異なる。

たとえば，賃金，職場環境，経営方針，他者との人間関係などは低次の要因，すなわち衛生要因（hygiene factors）であると同時に，仕事そのものではなく，その他と関わる外発的（extrinsic）な要因である。これらは，なければ不満が生じるが，あったとしても満足に至るということはない。これに対して，自身が仕事を成し遂げたり，他者から認められ評価を受けたり，仕事そのものに満足することは高次な欲求，すなわち動機付け要因（motivators）であると同時に，「働く」という行為そのものと関わる内発的（intrinsic）な欲求である。これらはなくても不満ということはないが，経験することでさらに強い満足を得る。

　二要因説に依拠すれば，低次の欲求，すなわち衛生要因は組織構成員の組織人格に大きな影響を与えるといえよう。一方，高次の欲求である動機付け要因は，仕事そのものへの「やりがい」を与えることから，組織人格に影響を与えるのみならず，組織構成員の自己実現，つまり「どのような生き方」をするのかといった個人人格にも影響を与えると考えられる。したがって，組織構成員の組織に対する貢献意欲を高めるためには，彼（女）らに仕事への「やりがい」を与え，個人人格と組織人格の調和を図ることが重要なのである。

4-2　組織人格が形成する組織風土の弊害

　Paine（2003）と Nash（1990）は「無数の例が示しているように，良識ある善意の人々が自分の倫理基準に反するような，自分でも是認しないような行動をとる可能性はいくらでもある」（Paine 2003, pp. 153-154, 翻訳書 244 頁），あるいは「企業の悪行のほとんどは，意識的に非倫理的行動を行おうとしたわけではない人々によってなされている」（Nash 1990, p. 11, 翻訳書 15 頁）と指摘している。すなわち，企業に限らず事業活動の場においてあらゆる組織の人々は，強力な財務上の利害からの誘惑や圧力・上位者からの圧力によって非倫理的な行動をとってしまう危険性を有しているばかりでなく，個人の不注意や怠慢などによって非倫理的行動をとってしまうこともある（中村 2010, 85頁）。加えて，組織内部には，組織構成員の集合によって形成される組織風土（組織内部に存在する暗黙的な価値感や思考）がある。こうした組織風土は，ときに組織構成員の個人人格を無視し，個々の組織人格が悪い方に作用した結

果，組織不祥事を引き起こすということは十分に考えられる。

　2016 年 4 月，三菱自動車の生産する軽自動車における燃費データの不正が発覚した。表 1-2 からもわかるように，三菱自動車は 2000 年以降組織不祥事を相次いで引き起こしており，その度に「再発防止に努める」ことを主張してきた。それにもかかわらず，再度組織不祥事が発生する背景には，組織全体に組織不祥事を引き起こす，あるいは他の組織構成員が不正をしていても「見て見ぬふりをする」など，悪質な組織風土が浸透してしまっていると考えられる。実際に，かかる事件を受けて三菱自動車の第三者委員会が作成した「燃費不正問題に関する調査報告書」には「企業風土」や「組織風土」という語句が数多く記載されている[9]。

　そもそも組織風土は，組織目的達成のために組織構成員に求める具体的な行動を明示した「倫理綱領」や「行動指針」といった倫理制度では捉えることのできない諸問題，とりわけ倫理的ジレンマに直面した際に，組織構成員がどのように対応するべきなのかを組織全体で共有することで形成される。しかし，特定の個人や集団が自身の利益を優先し他者の介入を拒んだ場合，それが長い時間をかけて組織内へと浸透し，組織不祥事を引き起こし，さらにはそれを隠蔽する組織風土が形成されるのである。こうした悪質な組織風土が浸透した組織において，組織構成員が倫理制度を実践する意識が欠如している以上，いくらこれを整えたとしても単なる飾りでしかない。言い換えれば，組織構成員が「倫理的行動をしなければならない」という意識を有し，それが組織内に浸透さえしていれば，明確な組織目的とそれを組織内で共有するためのコミュニケーションを図ることで組織不祥事を防止するための枠組みはある程度確立することができるのではないだろうか。かかる理解を踏まえれば「どのような倫理制度を確立するべきか」また「倫理制度をどのように組織内に浸透させるのか」を議論することはもちろん重要であるが，それらを実践する「個人」に焦点を当て「どのように組織の中に『個人』を統合するのか」を議論することの意義を主張することができよう。

4-3　個人倫理と組織倫理の調和

　組織構成員の有する個人倫理は，個人人格を基礎としてこれまでの経験を通

じて醸成されるものである。ここでの経験には，組織における他者とのかかわりも含まれることから，個人倫理は，個人人格と組織人格の双方を包摂しているといえよう。こうした組織構成員の集合によって組織風土が形成され，ひとつの組織としてすべての組織構成員が共有する組織倫理が生まれる。したがって，組織構成員の個人倫理を向上させることは，長期的に見れば組織倫理の向上に繋がるといえよう。言い換えれば，組織不祥事を未然に防止するための健全な組織倫理を構築するためには，組織構成員それぞれの個人倫理を向上させることが前提なのである。

　さらに，個人倫理が組織構成員のこれまでの経験によって醸成されてきたように，組織倫理もまた長い期間を経て組織内に浸透していく。だからこそ，組織の管理者は組織構成員に対して，倫理制度の実践を押し付けるのではなく，組織構成員とともに組織倫理を形成していくという意識をもつことが重要であろう。また，組織構成員は組織倫理を「所与」のものと捉えるのではなく，自身の価値観，思考，行動が組織倫理の一端を構成するという意識をもって，積極的に関与していく必要があろう。組織倫理の構築には，こうした組織の管理者と他の組織構成員との協働が不可欠なのである。

　急速に進展するグローバル化の中で，組織を取り巻く外部環境は著しく変化している。このことを受けて，従来の法的枠組みでは捉えることのできない新たな課題も今後ますます出現してくることが予想される。こうした状況において，組織は組織構成員が倫理的ジレンマに直面した際，目先の利得にとらわれ他のステイクホルダーに不利益を与えるような行動をとることがないよう組織構成員の個人倫理の向上，さらには健全な組織倫理の構築に努めることが求められる。そのためには「組織はそもそも何のために，誰のために存在しているのか」をすべての組織構成員が共有していなければならない。

　前述のように，Barnard（1938）は，組織を成立させるために必要かつ十分な条件は①共通目的，②伝達，③貢献意欲であると主張した。これら３つの要素は，組織倫理を構築するためにも必要な条件となる。すなわち，組織の存在意義を示し，それをすべての組織構成員が共有することによって，組織構成員の士気を高めることが組織倫理の構築に繋がるといえよう。もちろん，組織倫理を向上させたとしてもすべての組織構成員が倫理的であるとは限らない。

こうした組織構成員を律するために倫理制度があり，倫理教育を継続的に行う必要があるのである。しかし「どのような倫理制度を確立するのか」あるいは「どのようにして組織に浸透させるのか」といった仕組みを議論する以前に，「組織のあり方」ひいてはそれを構成する「個人のあり方」に目を向けることが組織不祥事を防止することの第一歩となるのではないだろうか。

5　本章のまとめ

　本章では，アメリカと日本における組織不祥事の歴史からその発生要因に関して「組織」と「個人」とに分類をした上で，そもそも組織とは何のために存在しているのかを「組織」とそれに属する「個人」という観点から考察してきた。組織における組織不祥事は古くから問題とされており，このことに伴って経営倫理研究も盛んに行われてきた。また，近年では企業のみならず多くの組織が倫理制度を確立していることから，経営倫理の重要性は広く社会に認知されており，これまでの経営倫理研究が有意義であったことは言うまでもない。しかし，それでもなお組織不祥事が相次いで発生している背景には，急速なグローバル化の進展，そして技術革新の影響を受けて，従来の経営倫理の枠組みでは対処することのできない新たな倫理的課題事項が生じてきていることがひとつの要因であろう。

　こうした外部環境の変化に適応し，組織が組織不祥事を未然に防止するための施策を考察することが本研究を通じての目的であるが，その施策を実践する組織そのものの「存在意義」を改めて議論することが不可欠であると考える。本章では，組織の存在意義を「組織目的と経営理念の同時達成」と位置付け，そのためにこれらをすべての組織構成員に認知させることと，彼（女）らの動機付けを行うための倫理教育の重要性を主張した。組織の存在意義をすべての組織構成員が意識することで初めて「どのような倫理制度を整備する必要があるのか」そして「倫理制度を組織内に浸透させ，どのように実践していくのか」を議論することができ，倫理制度が「制度」を整えることに終始してしまうことを避けることが可能になるのではないだろうか。かかる理解に鑑み，以下では経営倫理研究の2つの系譜（応用倫理学アプローチと経営学アプロー

チ）に関して，先行研究を基に両アプローチの特徴を整理する。

　前述のように，今日における経営倫理に関わる課題は，これまでの経営倫理研究の枠組みでは対処することが困難になりつつある。しかしながら，こうした新たな問題とはなにかを剔抉する上で従来の経営倫理研究を整理することは不可欠である。したがって，第 2 章では応用倫理学アプローチを，第 3 章では経営学アプローチの特徴を整理し，これら両アプローチの相違を明確にするとともに，なぜ経営倫理の「理論」と「実践」との間に乖離が生じているのかを考察していく。

注：
1　温情主義（paternalism）とは，経営者が従業員に対して，自主的に恩恵的諸財を与えることによって，従業員の不満を抑え，相互の関係を維持していこうとする考え方。
2　AACSB とは，1916 年にアメリカで設立されたマネジメント教育を推進する世界で最も権威あるビジネス・スクール認証機関（非営利組織）のひとつである。
3　1977 年に成立したこの法律は，事業の獲得・保持・割当を目的として，アメリカの個人や企業あるいは役員・取締役・被雇用者・その代理人や株主が，外国の公務員・政党・政権候補者に対して，公務上の立場での行為やその決定に影響を与えたり，法的義務を遂行させたり，不適当な優位性を確保するために賄賂を支払うことを禁止している。国外で行った行為も同様の罪となり，賄賂などが通常の慣行になっている国においても適用される。これは，他国の競合他社に比べてアメリカ企業の立場を不利にするとの批判が多かったため，1988 年に緩和されることとなった（Folsom and Gordon, 1995, p. 441）。
4　たとえば，2014 年に発生したまるか食品によるペヤング異物混入事件は，ひとりの消費者が画像を SNS に投稿したことにより発覚し，結果として同製品は数ヶ月の製造停止となった。
5　トヨタ自動車株式会社 HP を参照（http://www.toyota.co.jp/jpn/company/vision/philosophy/，最終アクセス日：2017 年 8 月 10 日）。
6　ジョンソン＆ジョンソン株式会社 HP を参照（http://www.jnj.co.jp/group/credo/index.html?nv=foot，最終アクセス日：2017 年 8 月 10 日）。
7　一般社団法人全国公私病院連盟（2020），「令和元年病院運営実態分析調査の概要」10 頁を参照（https://www.byo-ren.com/pdf/20200220.pdf，最終アクセス日：2021 年 2 月 8 日）。
8　Maslow は，人間のもつ欲求を「生理的欲求（the physiological needs）」，「安全への欲求（the safety needs）」，「所属ならびに愛情に対する欲求（the belongingness and love needs）」，「尊重への欲求（the esteem needs）」，「自己実現の欲求（the needs for self-actualization）」の 5 段階に分類した（Maslow, 1970, p. 35）。
9　三菱自動車工業株式会社特別調査委員会（2016），「燃費不正問題に関する調査報告書」（http://www.mitsubishi-motors.com/content/dam/com/ir_jp/pdf/irnews/2016/20160802-02.pdf，最終アクセス：2017 年 8 月 14 日）。

第 2 章

応用倫理学アプローチ：個人の視点を中心に

1　はじめに

　アメリカにおける経営倫理研究の系譜には 2 つの学問的起源がある。ひとつ
は哲学，規範倫理学をその方法論的基礎としてもつ応用倫理学の一部としての
経営倫理（応用倫理学アプローチ）であり，もうひとつは経営学の一部として
の「企業と社会」論をその基礎とする社会科学の方法論からのアプローチ（経
営学アプローチ）である（岡本・梅津 2006, 142 頁）。これら両アプローチは
いずれも組織の事業活動（business）における倫理（ethics）を探求すること
をその研究対象としている点で共通しているものの，応用倫理学アプローチが
経営倫理の理論的・学問的研究を主たる対象にしていることに対し，経営学ア
プローチは組織，とりわけ企業における倫理的行動や意思決定の実践を主たる
研究対象としている点で異なる。本章ではとりわけ応用倫理学アプローチに焦
点を当て，先行研究を基に応用倫理学の一部として展開されてきた経営倫理に
関して整理していく。

　応用倫理学とは，「広義には，個人的ないし社会的な問題，あるいは政策や
制度運営の倫理的側面を探求する（もしくはそれらの諸問題に倫理的考慮を
適用しようとする）研究分野であり，狭義には，個人や集団の行動を評価する
ために複数の倫理的理由，ルール，原理，理念や価値を活用する実践的推論
（practical reasoning）の研究分野」のことである。いずれの解釈を採るにせ
よ，応用倫理学はメタ倫理学（倫理的概念，推論の分析），規範倫理学（行為
を導いたり，評価を下したりする際に用いられる諸規範の研究），倫理の理論

（倫理的問題，概念，原理，推論およびそれらの正当化を包括的に探求すること）といった倫理に関する他の哲学的研究と著しい対照をなしている（Becker 1992, p. 42）。つまり，応用倫理学は倫理学の原理を取り扱う分野とは異なり，現代社会が投げかける喫緊の課題（たとえば，差別の撤廃，医療技術の適正な扱い方，地球環境問題への対処など）に応えようとする分野を指す（川本 1995, 100 頁）のである。

　応用倫理学が発展してきた背景には，従来の理論一辺倒の哲学・規範倫理学への反省と反発があったとされる（梅津 2003, 14 頁）。しかし一方で，倫理の「実践」を念頭に置く応用倫理学は，これまで積み重ねられてきた倫理の「理論」，とりわけ規範倫理学の方法論も踏襲しているように思われる。したがって，本章では応用倫理学の根底にある規範倫理学において，いくつかある方法論から義務論と功利主義，そして徳倫理を取り上げ，応用倫理学アプローチの特徴を整理するとともに，その今日的課題を考察することを目的とする。

2　義務論

　経営倫理研究における応用倫理学アプローチは，規範倫理学をその基礎としている。規範倫理学は，倫理的価値判断の基準，すなわち何によって善悪を規定するかの基準によって，義務論と目的論とに大別される。義務論は「ある行為の妥当性を『結果』ではなく，『道徳律』に合致するかどうか」という観点から判断するものであり，目的論とは「ある行為の妥当性を，その行為が組織など集合体全体の『善』を大きくするかどうか」という観点から判断するものである（Donaldson and Werhane 2008, p. 3）。

　本節では，とりわけ義務論に焦点を当て，その特徴と課題を整理する。厳密に言えば，義務論を細かく分類すると様々な立場がある。しかし，共通する事項として Kant の思想を強く受けている点が挙げられよう。このことに鑑み，以下では Kant の主張する義務論の特徴を中心に整理していくこととする。

2-1　義務論の特徴（1）：行為の「動機」と善意志（good will）
　Kant は，ある行為や意思決定の結果から倫理的な根拠を見出すことに対

し，行為の「動機」に焦点を当て，その中に行為の正当化の根拠を見出そうとした。人間は動物とは異なり，自らの行為に義務を課す能力を有している。その義務は「理性」を通じて「道徳律」として認識される（DeGeorge 1989, 翻訳書 109-110 頁）。

　さらに，義務としての動機や善意志（good will）に基づいた行為を命題とすれば，この動機は定言命法（Kategorischer Imperative），すなわち無条件的な命令（具体的には「これをするべし」という義務・動機）として与えられるものである。したがって，定言命法は「もしそうであるならば，こうするべき」といった条件を付けた仮言命法で述べられる命令とは異なり，命令のもつ「絶対的」な性質が込められていると理解することができる（梅津 2002, 45 頁）。

　たとえば，他人の財布を拾った場合，理性は「その財布を返さなければならない」という道徳律を他の理由に基づくことなく，直接的に行為者に認識させる。義務論とは，その内なる理性にしたがって行動することを求めるのである。このとき，「その財布を返せば感謝される」あるいは「返さないでいると後々厳しい制裁を受けるかもしれない」といった理由に基づいて「財布を返す」とすれば，これは理性による道徳の実践とはいえず，倫理的利己主義な行動とみなされる。つまり，義務論は打算や欲望に惑わされることなく，自身の「善意志」に従って行動することを求めている（Donaldson and Werhane 2008, p. 7）。

　経営倫理の文脈において，義務論は以下のような問いを投げかける。すなわち，第一に「その行為は誰にとっても公正か」，第二に「その行為は時間が経過しても普遍的に通用するか」，そして第三に「平等の敬意をもって，すべての人を扱っているか」である（Donaldson and Werhane 2008, p. 9）。このように，義務論は人間の行為が何によって正当化されうるのかに関して，行為者の「動機」が重要であるとし，道徳律に基づく行為は誰にでも普遍的に適用される倫理であることを主張していると考えられる。

2-2　義務論の特徴（2）：非帰結主義

　義務論が重要視するのが行為者の「動機」であることから，この考え方は

「非帰結主義」の立場をとっているといえよう。たとえば以下の4人の経営者を考えたとき，どの経営者を倫理的であるということができるだろうか。

 A：ある経営者が新たなプロジェクトに関して「利益をあげると同時に，環境にも配慮するべきである」という考えのもと，そのプロジェクトを推進した。その結果，この企業の利益は増大し，地球環境にも悪影響を与えなかった。

 B：ある経営者が新たなプロジェクトに関して「利益をあげると同時に，環境にも配慮するべきである」という考えのもと，そのプロジェクトを推進した。その結果，この企業の利益は増大したが，地球環境に大きな危害を加えることとなった。

 C：ある経営者が新たなプロジェクトに関して「利益をあげることが重要であり，環境に配慮する必要はない」という考えのもと，そのプロジェクトを推進した。その結果，この企業の利益は増大し，地球環境にも悪影響を与えなかった。

 D：ある経営者が新たなプロジェクトに関して「利益をあげることが重要であり，環境に配慮する必要はない」という考えのもと，そのプロジェクトを推進した。その結果，この企業の利益は増大したが，地球環境に大きな危害を加えることとなった。

　義務論であれ，後述する功利主義であれ，Aの経営者が倫理的であることに異論はないのであり，Dの経営者が非倫理的であることにも異論はないであろう。問題はBとCの経営者である。義務論，すなわち非帰結主義の立場をとるとすれば，Bの経営者は倫理的であり，Cの経営者は非倫理的であるということになる。このことから，義務論は，悪意に基づいて行った行為の結果が，社会に良い結果をもたらしたとしても倫理的であるということができるのかという功利主義への批判が込められていると理解することができよう。一方で，結果はどうであれ，「善意志」に基づいた行動がすべて倫理的であるということができるのだろうか。人間は本能的には「こうしなければならない」と理解していたとしても，必ずしもそれを行動に移せるとは限らない。したがっ

て，Kant の主張は理想に過ぎず，現実とは乖離している点もみられる。

2-3　義務論の限界と課題

　前述のように，Kant は普遍的な道徳律，すなわち定言命法の重要性を主張した。定言命法は，いかなる例外も認めず，絶対的な拘束力を有することから定言的であり，人間がどのように行動しなければならないかに関して指示を与える命法である（ビーチャム・ボウイ 2005, 44 頁）。しかしながら，個人や組織に求められる行動が必ずしも普遍的であるとは限らない。たとえば「嘘をつくべきでない」という道徳律が普遍的であるとすれば，「嘘も方便」という言葉は存在しないであろう。常に正直であることが必ずしも倫理的であるとは限らない。また，ある企業が部品製造を依頼する供給業者を選択する際，他の取引条件を考慮せず古くから関係のある工場に依頼したとすれば，これは Kant のいう「平等」に反する非倫理的行動といえるのだろうか。Kant の主張する定言命法には，こうした特定の個人や組織間の関係に存在する「信頼」や「気遣い」の視点が不足しているといえよう。

　加えて，Kant は，特定の役割に従事する人間が有する特殊な義務を考慮せず，普遍的な義務を強調していると理解することもできる。「嘘をつかない」，あるいは「約束を守る」が普遍的な義務であるとすれば，これに対し，公正に生徒の成績をつける義務やビジネスを行う上で生じる経営者が負うべき特殊な義務に関して，Kant はほとんど言及していないのである（ビーチャム・ボウイ 2005, 46 頁）。

　経営倫理の実践を議論する上で，こうした特殊な義務，言い換えれば「専門職倫理」を無視することはできない。むしろこうした専門職倫理をいかにして個人倫理や組織倫理に統合していくのかが重要な視点である。一方で，Kant の主張する普遍的な義務が今日の経営倫理をめぐる議論にまったく相容れないというわけではない。たとえば，医師や看護師といった医療行為に従事する人間の有する「特殊な義務」はすべての医療従事者が負う「普遍的な義務」と言うこともできる。かかる理解を踏まえれば，Kant の主張を経営倫理の文脈に援用することに意義を見出すことができるものの，極めて狭い範囲での「普遍的な義務」となってしまう。ここに，義務論の限界を見出すことができよう。

3　功利主義

　規範倫理学上の伝統的な二分法において義務論と対比されるのが目的論であり，とりわけ功利主義がその代表的な考え方として挙げられる。

　功利主義は，政策や意思決定の判断基準を「快楽の最大化と苦痛の最小化」に求める考え方である。すなわち，社会とは個々人の集合体であるため，良い政策とは社会を構成する個々人の満足（効用）の総和を大きくするものでなければならない。この考え方を象徴するのが「最大多数の最大幸福（the greatest happiness of the greatest number）」というスローガンであった（土屋 2007, 316 頁）。

　功利主義とひとくちにいっても行為功利主義と規則功利主義[1]，そしてこれら双方の側面を有する二層功利主義[2]，さらには行為功利主義と規則功利主義もまた厳密には細かく立場が分かれる。しかしながら，これら功利主義それぞれの立場に関して言及することは本研究の論旨とは異なることから，本研究において取り上げる功利主義の特徴はあくまでこれらそれぞれの功利主義に共通する特徴である。

3-1　功利主義の特徴（1）:「最大多数の最大幸福」と内在的価値

　功利主義は以下のような本質的な特徴を有している。前述したように「善の最大化と危害や害悪の最小化」すなわち「最大多数の最大幸福」が第一の特徴である。快楽や善，つまり肯定的価値を最大化するためには効率の良さが重要である（ビーチャム・ボウイ 2005, 33 頁）。効率の良さとは利潤を高め，費用を低くするというビジネスの根幹にかかわる問題である。この点で，ビジネスという事業活動には根本的に功利主義の概念が含まれていると理解することができよう。

　功利主義の第二の特徴は，内在的価値（intrinsic value）である。効率の良さそのものは結局のところ手段に過ぎない。企業が競争を行う市場において，効率の良さは財とサービスの生産性を最大化するための手段として価値があるのである。しかし，功利主義によれば，財政上の安全や幸福といった事業活動

の結果としての外在的価値ではなく，すべての価値は，良い経験や結果を追求しようとする内在的な善によって評価されるべきなのである（ビーチャム・ボウイ 2005, 34 頁）。

　一方で，功利主義は「少数派軽視」の思想として批判されることとなった。Bentham は，「政策によって影響を受けるすべての人が考慮されるべきであること」を明確にするため，そして民主主義を念頭に置き「最大多数の最大幸福」を主張したのであり，決して少数派軽視を意図していたわけではなかった（Knowles 2001, p. 24）。しかし，Bentham が「功利性の原理（principle of utility）」に関して「すべての行為を，関係者の幸福の増大あるいは減少にしたがって承認するかどうか」を決める原理として主張し，その行為に「個人のみならず，政府のすべての施策」を含むとしたために「公共の福祉（全体の幸福）」を優先する思想として，あるいは少数派を軽視する思想として理解され批判を受けることとなった（Bentham 1780, p. 2）。したがって，「すべての価値は，良い経験や結果を追求しようとする内在的な善によって評価されるべき」と主張するものの，その内容をみてみれば結局のところ行為や意思決定の結果に倫理的な正当性の根拠を見出していると捉えることができよう。

　これに対し，功利主義を支持する論者は「限界効用逓減の法則」を応用し，功利主義が不平等ではなく，平等を促すと主張する。すなわち，人はある財を取得することで満足する。一般にその財を得れば得るほどその財から得られる個人の満足は小さくなっていく。したがって，社会全体の効用を最大化させるためには，より多くを必要としている個人から優先的に分配するのが望ましいと理解されるのである。こうした論理に立ち，功利主義を支持する論者は，功利主義が不平等を正当化するのではなく，むしろ不平等を是正する方向に作用する（髙 2013, 17-18 頁）と述べている。

　しかし，市場にすべてを委ねた場合，「『必要』と『需要』は必ずしも一致しない」ということが指摘される。そもそも購買力のない所得者は，たとえ得られる満足が大きいとしても財そのものを購入できないため，自身の「必要」を満たすことができない。したがって，とりわけ政府の政策として功利主義が採用された状況を想定すると「公共の福祉」を優先する思想と理解され，状況によっては「自由」，「平等」，そして「人権」などを軽視する思想となり得る

(Bentham 1780, p. 24)。

3-2　功利主義の特徴（2）：帰結主義

　功利主義の第三の特徴は「帰結主義」である。たとえば，行為功利主義であれ，規則功利主義であれ，何を善悪の基準とするかはどの立場をとるのかによって異なるものの，功利主義は行為や規則（あるいはその両方）の善悪を，それらによって導き出された「結果」によって判断することから「帰結主義」の立場をとることがその特徴として挙げられよう。

　前述の4人の経営者の例に立ち返ってみると，功利主義，すなわち帰結主義の立場をとるとすれば，Bの経営者は非倫理的であり，Cの経営者は倫理的であるとなる。つまり，義務論が功利主義への批判を含んでいるように，功利主義もまた，「善意志に基づいて行った行動が倫理的であるとは限らない」という義務論への批判を含んでいるといえよう。Cの経営者に関して，この行動に限定して考えれば倫理的であるといえよう。しかし，倫理的行動を行おうとする思考がなく，とった行動が，仮に善い結果を招いたとしても，それは一時的なものに終始し，倫理的行動を持続的に実行していくことができるかは疑問をもたざるを得ない。経営倫理研究の目的のひとつとして，ビジネスの文脈に倫理を適用することが挙げられる。これは，組織にとって「倫理的な行動とはなにか」を議論することでもあるが，倫理的行動を一時的なものに留めるのではなく，これを積み重ねて「倫理的な組織になるためにはなにが必要か」を議論することである。この意味において，ある行為や規則から導き出された結果によって善悪の基準を判断する功利主義の考えだけでは不十分であると指摘することができよう。

3-3　功利主義の限界と課題

　功利主義の考え方は，今日においても経営倫理の基盤となっているが，一方でこの考え方は課題も残している。すなわち，どのようにして「個々人の自由を保障するのか」あるいは「少数派の自由まで含めて保障し，その上で人々の幸福を確実なものにするか」である。経営倫理の文脈において，組織構成員にその組織の理念や倫理観を「制度」として遵守するよう要請することは，組織

の倫理観（組織倫理）を追求する上で重要である。しかし一方で，こうした組織倫理が，個人の有する倫理観（個人倫理）を侵害することにはならないのかといった問題がある。

　また，結果に重点を置く功利主義は，人間がどこまである行為や規則によって導かれる結果を予想できると想定しているのであろうか。今日，組織を取り巻く外部環境は日々急速に変化している。こうした状況において，組織がある行為や規則が導く結果を予測することは困難をきわめる。このことから功利主義の限界を見出すことができよう。

　ここで重要なことは，義務論であれ，功利主義であれ，従来の応用倫理学アプローチは「人はどのように行動するべきか」という問いに答えることを目的としている点である（Bazerman and Tenbrunsel 2011a, 翻訳書 38 頁）。組織における個人が倫理的行動を実行する際，彼（女）らはまず倫理的課題の存在を「認知」し，その上で，複数ある選択肢の中から最も倫理的な行動とは何かを「判断」する。そして，実際にそれを行動に移す「意思決定」を行い，倫理的行動を遂行するという 3 つのプロセスを経る（Trevino and Nelson 2011, pp. 70-75）。従来の応用倫理学アプローチは，かかるプロセスの「判断」の段階に焦点を当てた上で，求められる『行為』に関して議論を展開してきたのである。言い換えれば，人間は倫理的課題の存在を「認知」していることを前提としてきたのである。

　しかしながら，組織構成員が「倫理的課題に直面した際に求められる行動」を，組織がいかに明示していたとしても，組織構成員がそもそも倫理的課題の存在を認知していなければ意味をもたない。そこで，本研究では新たな視点として「徳倫理」の視座を取り上げる。従来の応用倫理学アプローチが「行為」に焦点を当ててきたことに対し，徳倫理は「行為主体」に焦点を当てている。次節では，義務論，功利主義と徳倫理との比較を行った上で，この視座が従来の応用倫理学アプローチでは不十分だった点を補完することができるのかを考察する。

4　徳倫理

　ここまで確認してきたように，義務論が非帰結主義であり，功利主義が帰結主義であることから，これらは異なる立場をとっている。しかし一方で，義務論であれ，功利主義であれ，経営倫理の応用倫理学アプローチの文脈において，これら双方の考え方はいずれも「事業活動を遂行する上で求められる『行為』とは何か」を提示することを目的としているのである（Whetstone 1998, p. 187）。したがって，義務論であるか，目的論（とりわけ功利主義）であるか，という二分法は「行動」に焦点を当てることを前提としているのである。

　ここで重要なことは，人間は頭では「とるべき行為」を理解していても，必ずしも実行できるとは限らないということである。とりわけ，前章でも触れたように，組織における個人は，強力な財務上の利害からの誘惑や圧力，あるいは上位者からの圧力によって非倫理的な行動をとってしまう危険性を有している。したがって，こうした個人が倫理的課題に直面した際，「どのような行為が倫理的であるのか」を議論する前に，組織における個人は「どのような人間であるべきか」，その指針を示す必要があると考えられる。このことが前章でも主張した組織の存在意義を組織構成員に認知させることにも繋がり，同時に，義務論や功利主義の示唆する「とるべき行為」を実践に結びつけることにもなると考える。

　かかる理解を踏まえ，本節では伝統的な規範倫理学上の二分法では「目的論」に分類されるものの，「行為主体」を対象とすることから功利主義とは異なる徳倫理に焦点を当て，経営倫理研究に徳倫理の視座を加えることの意義を考察していく。

4-1　徳倫理の特徴

　義務論や功利主義に対し，徳倫理は，行為する人間の性格，すなわち「行為主体」そのものに焦点を当てたものである（Solomon 1999, p. 30）。人間の性格の特性は，その人の内部に醸成された諸徳（たとえば，正義，勇気，節制など）によって示され，それらの徳は道徳的性格と同義であるとみなされる場合

が多い（Solomon 1999, p. 36）。徳倫理は，こうした諸徳を明らかにし，「どのような人間になるべきか」，さらに「どのようにしてそういった類の人間になるのか」ということを中心的なテーマとしている（神野 2002, 26 頁）。

　徳倫理の特徴のひとつは，人間のみならず動物やモノ，そして政策など様々な事象の性格（nature）を議論することである。たとえば，善い医師は患者にとって最善の医療行為を行うことのできる医師であり，善い時計とは，時刻を正確に刻む時計のことである。かかる理解を踏まえれば，徳倫理は，特定の対象がその目的（使命）を達成するために「どのような存在であるべきか」を論じる考え方といえよう。

　徳とは，英語の Virtue あるいはギリシャ語の「アレテー（aretē）」を訳した語句であり，この語句は道徳的な徳のみならず，より広い意味での優秀さや卓越性を意味している（Peters 1967, p. 25）。Aristotle は，この徳，あるいは卓越性を 2 つのタイプに分類している。ひとつは，トレーニングや教育によって学習することのできる卓越性であり，これを知性的卓越性（思考の徳）という。他方，道徳的卓越性（性格の徳）は習慣的な行動を通じてのみ身に付けることのできるものである（アリストテレス 1971, 1-3 頁）。したがって，これら双方の卓越性を有する人間を徳のある（有徳な）人間と理解することができる。

　Stewart は，「倫理的な人間とは，時々善い行動をとるから倫理的であると言われるのではない。悪い人間でも善い行動をとることもあるが，そのような人間を倫理的な人間とは言わないであろう」（スチュアート 2001, 54 頁）と述べている。このことに鑑みれば，徳倫理において，善い行動をとることと，善い人であることとは相違しているのである。

4-2　義務論，功利主義，および徳倫理の比較

　義務論，功利主義，そして徳倫理を対比すると表 2-1 のようにまとめることができる。

　前述のように，伝統的な規範倫理学上の二分法において，徳倫理は功利主義と同様に目的論に分類される。一方で，何によって対象の善悪を判断するのかというアプローチについては，功利主義が帰結主義であるのに対し，特倫理は

非帰結主義であることから，この点に鑑みれば義務論と同じ枠組みに分類することもできる。しかしながら，従来の規範倫理学アプローチが「行為」を対象としているのに対し，徳倫理は「行為主体」を対象としていることから，これらとは大きく異なる。

　また，義務論と功利主義は特定の状況における価値判断の指針を与えるものである。功利主義の場合，過去に積み重ねた経験を基礎として，将来における行為（あるいは規則）の善悪を規定する。つまり，過去に発生した組織不祥事，すなわち失敗から学習することで，同様の状況に直面した際に，組織不祥事へと発展しないよう，求められる行為を規定する。

　組織にとって，このように過去に発生した事例から学ぶことに意義があることは言うまでもない。しかし，こうした事後的な施策だけでは組織不祥事を未然に防ぐことに限界がある。前述のように，今日，組織を取り巻く外部環境は著しく変化しており，新たな倫理的課題事項も表面化してきている。こうした状況において，組織が組織不祥事を未然に防止するためには，組織不祥事を引き起こさない「有徳な組織」を目指す必要があるのである。

　我々が生活をしている社会には様々な組織が存在しており，その多くが事業活動を展開している。たとえば，営利追求を主たる目的としていない医療法人や学校法人であっても，自らの社会的使命を果たすためには持続的な経営が前提であり，そのために利益を確保しなければならない。そうであるとすれば，「有徳な組織」さらに言えば「事業活動における徳」とはどのようなものであるのだろうか。

　多くの場合，組織は「経営理念」を掲げ，これを達成するために日々事業を展開している。言うまでもなく，こうした経営理念は組織によって異なる。し

表2-1　義務論，功利主義，および徳倫理の比較

	義務論	功利主義	徳倫理
倫理的価値判断	義務論	目的論	目的論
目的	普遍的な道徳律の追求	功利の最大化	徳の習得
対象	「行為」の動機	「行為」の結果	「行為主体」の性格
アプローチ	非帰結主義	帰結主義	非帰結主義

出所：鈴木（2018a），54頁。

かし，その内容に共通する点として「自社の事業活動を通じて社会に貢献すること」が挙げられる。つまり，これこそが組織の使命であり，存在意義であるといえよう。ここでいう「社会」とは，組織を取り巻くすべてのステイクホルダーによって成り立っているものを意味する。

　このことに鑑みれば，事業活動における徳とは，ステイクホルダーからの期待に応えることであり，「有徳な組織」とは，それを実行しうる性格を有している組織であると理解することができる。組織が個人の集合によって形成される以上，有徳な組織は，有徳な個人，すなわち組織構成員の高い個人倫理を前提として成り立つ。同時に，組織構成員の個人倫理を向上させるためには，有徳な組織構成員を育成する場としての高い組織倫理もまた不可欠であるといえよう。

　以上のことを踏まえれば，ひとつの組織において組織倫理と組織構成員の個人倫理とは，補完性を有する相互依存関係であるといえる。

4-3　個人に焦点を当てた経営倫理研究の意義

　これまでの経営倫理研究の多くは，組織構成員をひとつのステイクホルダーと位置付け，組織構成員の個々の差異を重視している研究は少なかった。しかし，今日，組織は様々な文化的・宗教的価値観を有する人によって構成されており，その複雑性は従来に比して非常に大きくなっている。こうした組織において，経営倫理を実践していくためには，組織の管理者は組織構成員の個々の差異を理解し，相互にコミュニケーションを図る場を提供する必要がある。

　個人に焦点を当てた経営倫理研究とは個人主義を主張するのではない。組織の管理者は，組織にとって重要なステイクホルダーのひとつである組織構成員個々の多様性を認識することが必要であり，彼（女）らが互いの価値観を理解・受容することによって個人倫理を向上させることが，最終的に組織不祥事を未然に防止することのできる健全な組織倫理の構築に繋がることを示唆しているのである。加えて，健全な組織倫理の構築には，組織の管理者のみならず組織構成員の意識を変えることも重要である。すなわち，組織倫理とは，倫理教育を通じて学習する「所与」のものではなく，他者とのコミュニケーションを通じて「共創」していくものだという意識である。

　Solomon は組織，とりわけ営利企業を契約の束（nexus of contracts）による法的擬制として捉えるのではなく，組織構成員が歴史や価値，文化，規範，実践，利害など，多くのことを共有している集合体であると位置付け，このことを「共同体（Community）」という概念で表している（Solomon 1992, p. 109）。Solomon は，共同体において「永続（Perpetuity）」と「徳の充足と向上（Cultivation and Improvement）」の2つが最も高次な目的であると主張している（Solomon 1994, p. 274）。このことは，組織は習慣的に徳の充足と向上に努めることによって，持続的な活動を実現することができると同時に，徳の習得には長期的な実践が前提であることを意味している。

　Solomon は，本来あらゆる組織が共同体の性格を有しているにもかかわらず，社会の中で生き残ることのみが注視されてしまっていることを懸念し，徳の充足と向上に目を向けることの必要性を主張している（Solomon 1994, p. 274）。

　組織を取り巻く外部環境は日々変化しており，ビジネスの文脈における普遍的な倫理を問うことは非常に困難である。組織が変化する外部環境に適応していくためには徳を習慣的に積み重ねることが重要であり，こうした日々の実践が組織の持続的な活動を支える。このことに鑑みれば，Solomon の主張はあらゆる組織が持続的に事業活動を行っていく上で重要となる視点を指摘しているといえよう。この意味において，経営倫理の実践に徳倫理の視点を加えることには，大きな意義があると考えられよう。

5　本章のまとめ

　本章では，経営倫理に関する代表的な2つのアプローチのひとつである応用倫理学アプローチに焦点を当て，その特徴を整理するとともに，かかるアプローチの今日的課題を考察してきた。応用倫理学アプローチの基礎となっているのは規範倫理学である。規範倫理学は「人間の行動や判断の規範的考察」と定義され，ここで言う「規範的」とは，英語の Normative の邦訳であり，これは行動や判断のあるべき姿の考察を意味していることから，規範倫理とは「組織はどうあるべきか」，「人はいかに生きるべきか」などという「べき論

(当為命題)」であるということができる (梅津 2002, 14 頁)。

　通常，こうした当為命題は，「組織はどうあるか」などという事実命題と対比される。確かに当為と事実は異なるものである。たとえば，ある経営者が「1 ヶ月の残業時間は a 時間以下であるべきだ」と言ったとすれば，これは実際の残業時間が a 時間以下でないことを表しているのであり，このことからも当為と事実が異なっているといえよう。しかし，これらは異なるものであっても無関係なものではない。むしろ，事実がそうでないからこそ当為が出てくるのであり，言い換えれば，当為命題は事実を見つめながらも，それを超える事態を指示するのであり，そこには何らかの変革とそれを達成する行為が要求されるのである (梅津 2002, 15 頁)。

　以上のことから，当為命題と事実命題とが相互に関係していることを見出すことができる。しかし，この相互関係にはひとつの前提が不可欠であることに注意しなければならない。それは，「ある行動において，その行動主体が倫理的課題の存在を認知している」という前提である。言い換えれば，「人間は倫理的課題に直面した際，それに気付くはずである」という前提である (Bazerman and Tenbrunsel 2011a, 翻訳書 6 頁)。仮に，そうであるとすれば，人間は倫理的行動と非倫理的行動の利害得失を比較・考慮した上で意思決定を行っていることとなり，経営倫理の重要性が広く社会に認知されている昨今において，これほどまでに多くの組織不祥事が発生する事態とはならないのではないだろうか。つまり，人間は意思決定をする際に必ずしも倫理的課題の存在を認知しているわけではないのである。

　もちろん，倫理的課題の存在を認知している場合も有り得ることであり，そうした状況において善悪の基準や指針を示す規範倫理学の意義は議論するまでもないだろう。しかしながら，それだけでは倫理的課題の存在を認知していない人間の行動を規定することはできず，いくら経営倫理の重要性を唱えたところで，それを実践にまで繋ぐことは難しいと考えられる。そのため，これまでの前提を取り払い，「どのようにして倫理的課題の存在を認知させるのか」を議論することが新たな視座として求められているのである。

　この新たな視座として，本章では徳倫理を取り上げた。徳倫理は「行為主体」を主たる対象として，個人が「どうあるべきか」を考察することを目的と

する。この点において，従来の応用倫理学アプローチと同様に，「個人」を強く意識しているものの，「行為」に焦点を当てる義務論や功利主義とは一線を画す。こうした「行為主体」に焦点を当てることは，第1章でも取り上げたそもそも「組織の存在意義とはなにか」を問うことと同様に，個人（さらに言えば組織）が「どのように行動するべきか」を議論する前提として重要な意義を有する。また，組織の管理者や倫理制度の策定者がいかに倫理制度を整えたとしても，これを実践するのは（組織の管理者や倫理制度の策定者を含む）各組織構成員であり，言い換えれば個人である。このことに鑑みれば，組織構成員の個人倫理を組織倫理とは切り離して考えるのではなく，いかにしてこれらを統合するのかという意識が求められるのである。

　他方で，応用倫理学アプローチが主たる対象としている「個人」は，組織の管理者とその他の組織構成員を同様に捉えている。言うまでもなく，彼（女）らの間には権力，あるいは影響力に相違が存在しており，さらに言えば，こうした相違は組織構成員個々の間にも生じうる。とりわけ，本研究では医療法人を対象としていることから，個人の間に生じる「権力の非対称性」や影響力の相違をいかにして解消するのかは重要な課題である。この点に鑑み，本研究では「専門職倫理」の視点から，かかる課題を考察する（第5章参照）。

　加えて，本章では，組織とそれに属する個人の関係から，経営倫理の実践には個人倫理にも目を向けることの重要性を主張してきた。つまり，これは経営倫理の実践における組織内部を対象とした議論である。しかしながら，企業や医療法人，あるいは学校法人といったそれぞれの組織はいずれも我々の生活する社会において，単独では生き残っていくことはできない。いかなる組織であっても外部ステイクホルダーとの関係を考慮することが求められるのである。したがって，第3章では，組織の視点を中心とした外部ステイクホルダーとの関係から，経営倫理に関する経営学アプローチの特徴とその今日的課題を考察していく。

注：
1　行為功利主義とは「ある行為に関して『行為そのもの』の善悪を導き出された結果によって判断する考え方」である。これに対し，規則功利主義は「ある行為に関して，誰もが類似の状況に直面した際，その行為をなすべきであるという『規則』の善悪を，結果によって判断する考え方」であ

る（Smart 1998, p. 9）。

2　二層功利主義とは，善悪の基準を「直感的レベル」と「批判的レベル」とに分類し，行為功利主義と規則功利主義の双方の側面を有する考え方である（ヘア 1994, 40 頁）。

第3章

経営学アプローチ：組織の視点を中心に

1　はじめに

　経営倫理研究におけるもうひとつの代表的なアプローチは，経営学アプローチである。応用倫理学アプローチが規範倫理学を基礎として，その理論をビジネスの文脈にどのように適用させるのかを議論するアプローチであることに対し，経営学アプローチは現実の社会において生じた事象，すなわち企業をはじめとする様々な組織によって引き起こされる組織不祥事をどのようにして防止するのかを議論するアプローチである。

　第1章でも確認したように，経営倫理研究が盛んに議論されるようになった背景には，主に大企業による組織不祥事があり，こうした組織不祥事の頻発を受けて，経営倫理の重要性が主張され，議論が展開されてきた。つまり，経営倫理と組織不祥事とは密接に関係しているのであり，言い換えれば，こうした組織不祥事をいかにして防止するのかを議論することこそが，経営倫理研究の中心的な課題事項のひとつであるといえよう。日本では，1990年代頃から経営倫理の重要性が盛んに議論されるようになってきたと理解されるが，それ以前（とりわけ四大公害病の発生した1950年代から1970年代）においても，企業に環境や地域社会への配慮といった倫理的責任の履行を求める社会からの要請があった。

　こうした史的背景を踏まえ発展してきたのが「企業と社会」論（Business and Society）であり，経営倫理をはじめ，CSR（Corporate Social Responsibility：企業の社会的責任）やコーポレート・ガバナンス（Corporate Governance：企業統治）に関する理論の基礎となっている。かかる理解を踏まえ，本章ではこの「企業と社会」論がどのように展開してきたのかを整理することからはじめ，経営倫理研究における経営学アプローチの特徴とその今日的課題を剔抉することを目的とする。

　経営倫理，CSR，そしてコーポレート・ガバナンスなど「企業と社会」論をその基礎とする研究は，当初，営利企業，とりわけ株式会社をその対象としていた。しかしながら，今日では，営利企業のみならず，営利追求を主たる目的としない組織もその対象として捉えられており，様々な組織に経営倫理の実践や社会的責任の履行が求められている。すなわち，「企業と社会」論の「企業」（business）とは，事業主体としての「企業」（business）を意味するのではなく，「財またはサービスを商品として生産し，これらを販売する活動」，すなわち「事業活動」（business）を担う組織を意味するのである。言うまでもなく，医療法人や学校法人といった営利追求を主たる目的としない組織であっても，持続的な活動を行うために事業活動を展開している。このことに鑑みれば，かかる諸概念の適用範囲が従来に比してより広範になっていると理解することができよう。

2　「企業と社会」論

　前述のように，経営学の文脈において経営倫理やCSR，そしてコーポレート・ガバナンスに関する議論は当初企業，とりわけ大規模公開株式会社を主たる対象としていた。この背景には，企業の規模が拡大することに伴い，その事業活動が社会に対して与える影響力もまた大きくなったことがひとつの要因として挙げられよう。しかしながら，今日では，これら諸概念に関する議論は株式会社に留まることはなく様々な組織を対象としている。このことに鑑み，本研究では，医療法人を主たる対象として経営倫理の実践を考察している。しかし，本節においては，事業主体としての「企業」を対象として，経営学における諸概念の基礎を構成している「企業と社会」論がどのような過程で誕生したのかを整理する。

2-1　一元的企業観から多元的企業観への展開

　「企業をどのように捉えるか」という問いは,「企業はだれのモノか」という問いと密接に関係している。この問いはコーポレート・ガバナンスに関する研究においてしばしば見られるが, かかる研究の基盤を成す「企業と社会」論においても重要な意味を有している。

　90 年代初頭, アメリカやイギリスでは「企業は株主のモノである」という「一元的企業観」が主流であった（吉森 1998, 44 頁）。なぜなら, 私有財産制度の下では, 企業の最高意思決定権を有しているのは株主であり, 株主は私的所有権（private property）を有しているからである。したがって, 企業の経営者は, 株主に対して受託者責任（fiduciary duty）と説明責任（accountability）を負っており, その主たる使命は, 事業活動を通じてより多くの利益を生み出し, 株主価値（株主への配当, あるいは証券取引所に上場している企業であれば株価）を最大化させることである。

　一方で「企業はステイクホルダーのモノである」という多元的企業観も存在する。この考え方に立てば, 企業の経営者は株主価値のみならず, 環境や雇用の維持などの多様な側面にも配慮し, 企業価値全体を向上させることが求められる。多元的企業観によれば, 企業は社会に対し大きな影響力を与える存在であり,「社会の公器」として活動する側面を有している。したがって, 公害防止投資などのように, 企業はときに利益の一部を犠牲にしても他の利害関係者に対する責任を果たさなければならないのである（稲葉 2013, 479 頁）。

　アメリカやイギリスが, 一元的企業観に基づき, 株主を中心的なステイクホルダーと位置付けていることに対し, 従業員を中心的なステイクホルダーとしつつ, 他のステイクホルダーの長期的利益の均衡を目指す日本は多元的企業観であったとされる（吉森 1998, 42 頁）[1]。日本は, 会社法においては一元的企業観に立脚しているが, 従業員を重視するいわゆる「日本的経営」が一般的であったため, 多元的企業観に分類される（稲葉 2013, 484 頁）。しかしながら, この頃の日本の企業経営者は, 従業員, メインバンク, 取引先, あるいは大株主への配慮はあったものの, 環境, 地域社会, 消費者等への配慮は希薄であった。

　90 年代後半になると,「トリプル・ボトム・ライン（triple bottom line）」

や「国連グローバル・コンパクト（The United Nations Global Compact）」を基礎とした CSR の考え方が急速に広まり，多くの経営者が株主価値のみならず，企業価値全体を向上させることに注力するようになった。

2-2　株主受託者責任と社会受託者責任

　一元的企業観から多元的企業観への展開が進む一方で，企業が本来の事業活動以外の分野で社会貢献活動を行うことは，株主の利益を損なう可能性があり，慎むべきであるという主張が展開された。Friedman（1962）は「企業が最適効率とコスト削減を通じて利益の最大化を図れば，結果として社会に多大な利益をもたらす。したがって，これこそが企業活動の究極の目的であり使命である」（Friedman 1962, 翻訳書 151 頁）と主張している。

　Friedman の主張はしばしば CSR を否定する見解として用いられるが，決して企業が社会的責任を果たすことや社会貢献に資することを全面的に否定しているわけではない。ただこのような活動は企業が本来行うべき活動ではないと主張しているのである。また，企業が株主からの出資によって成り立っている組織である以上，株主が主権者であることは明らかであり，企業の経営者は株主から経営を委任された「エージェント」に過ぎず，「株主受託者責任（Corporate Stewardship）」を負う。そのため，企業の活動目的が主権者である株主の利益増大にあると考えることは決して間違ってはいない。

　しかしながら，企業が株主の利益最大化を念頭に過度な利益追求を行い，他のステイクホルダーを軽視した事業活動を展開したとすれば，それは結果として株主の不利益へと繋がることも十分に考えられる。たとえば，いわゆる「ブラック企業」のように従業員に劣悪な労働環境を強いれば，優秀な人材は他社へと離れていき，企業の生産性は落ち込み，株価は下落するであろう。つまり，株主を含む多様なステイクホルダーからの期待に応えることが企業には求められているのである。この考えに基づけば，企業あるいは経営者はあらゆるステイクホルダーから社会の発展に資する事業活動を委任された「社会受託者責任（Social Stewardship）」を負っていると考えられる。

2-3　ステイクホルダー理論

　周知のように，ステイクホルダーとは，一般に「利害関係者」を意味する語句であり，企業と社会との間の多面的かつ複雑な関係を分析的に把握するための方法のひとつとして，この概念は広く用いられている。しかし，この語句が意味する内容は，論者によって異なる点に注意しなければならない。

　ステイクホルダー理論の先駆的かつ代表的な論者である Freeman（1984）によれば，ステイクホルダーは「企業目的の達成に影響を及ぼすことができる，あるいは影響を受ける集団もしくは個人」と定義され，「それらはそれぞれ企業に対して，ある種の利害（stake）をもっている」とされる（Freeman 1984, p. 25）。ここで重要なことは，この定義における利害（stake）とは，軽易なものではなく，運命をともにするほど重大なものを意味している点である（森本 2004, 2 頁）。一方，Donaldson と Preston（1995）は，ステイクホルダーをより広く捉え，「企業の活動において，法的側面のみではなく，その本質的側面においても正当な利害関係をもつ集団ないし個人」（Donaldson and Preston 1995, p. 67）と定義している。この定義によれば，法的利害関係（合法性）のみならず，その他の正当な利害（正当性）があれば，それらはすべてステイクホルダーということになる。たとえば，契約関係にある供給業者は前者であり，環境保護団体は後者となる（森本 2004, 3 頁）。

　こうしたステイクホルダーの位置付けに関する変化を中村（2003a）は以下のように述べている。すなわち，「ステイクホルダーの概念は当初，『企業と明確な契約関係をもつか，企業の意思決定によって直接的に影響を受ける人々』を意味する概念であったが，今日ではその包括範囲がさらに拡張され，『企業が事業活動のあらゆる側面において接触し，相互に影響を与え合う関係にあるすべての社会的主体』を意味する概念として広く用いられている」（中村 2003a, 4 頁）。

　このように，ステイクホルダーの意味する領域は，企業が直接関わる，あるいは直接的に影響を与える主体から，間接的にも影響を与えうる主体へと拡大していった。しかし，消費者や供給業者，あるいは従業員といったステイクホルダーであっても，個々の考え方や価値観は異なる。こうした個々の多様性をどこまで考慮し，組織の事業活動に組み込むのかが，ステイクホルダー理論の

課題であろう。

3　経営倫理の概念拡張と倫理的課題の質的変化

　ここまで，経営学の文脈における諸概念の基礎となる「企業と社会」論を中心に，その特徴を整理してきた。ステイクホルダーの概念が意味する内容と同様に，こうした諸概念が対象とする領域もまた，社会からの要請を受けて拡大してきた。すなわち，このことは「企業」という語句が意味するものが「事業主体」としての「企業」から，「事業活動」を担う組織へと拡大したことを意味しているのである。一方で，こうした概念の拡大によって，その内容は複雑化し，同時に組織を取り巻く外部環境の変化に伴い，従来の経営倫理が対象としてこなかった新たな課題事項も生じてきている。こうした著しい社会的要請の変化に組織が対応していくためには，政府が主導する法律の整備（公的規制）だけでは不十分であり，だからこそ経営倫理の実践（自主規制）が求められるのである。かかる理解に鑑み，本節では，事業組織としての「企業」から「事業活動」を担う組織へと概念が拡大していった背景と，組織を取り巻く外部環境の変化に伴う倫理的課題の質的変化について論じていく。

3-1　事業組織としての「企業」から「事業活動」を担う組織への概念の拡大

　経営倫理と隣接する概念である企業の社会的責任に関する議論が，その対象範囲を営利組織としての「企業」に限定することなく，「事業活動」を担うあらゆる組織へと拡張してきた要因のひとつとして，ISO（International Organization for Standardization：国際標準化機構）[2]が2010年に発行したISO26000（社会的責任のガイドライン）を挙げることができよう。ISO26000は，社会的責任とは何か，そしてそれを実施する上で組織が何に，またどのように取り組むべきなのかに関する手引きを提供する企業行動基準であり，組織の規模・業種を問わず利用できるものである[3]。「社会的責任」に対する理解は国や地域，あるいは時代によって異なるにもかかわらず，多くの国や機関が関与しているが故に，その内容を適宜変えていくことが困難であるというある種の矛盾を抱えている点が，ISO26000の課題といえる。しかし，営利組織と

しての「企業」に限定することなく，「事業活動」を担うあらゆる組織に責任ある行動と「持続可能な開発（Sustainable Development）」への貢献を奨励した点に ISO26000 の意義を見出すことができる。このことにより，企業の社会的責任に限定することなく，社会的責任へとその対象範囲を拡張していったといえる。

　経営倫理も同様に，事業主体としての「企業」のみならず，様々な組織を対象として議論される必要があろう。第 1 章で確認したように，日本では四大公害病を契機に，企業に環境や地域社会への配慮を求める要請が増加し，1980 年代から 1990 年代にかけて発生した企業による組織不祥事に鑑み，経営倫理の重要性が主張されるようになった。こうした背景には，企業の利己的，あるいは無責任な事業活動への社会からの批判が込められていたと理解される。近年では，政府と学校法人との癒着や医療法人による医療事故も多くの関心を集めている。こうした非営利組織による組織不祥事は最近になって生じた問題ではなく，企業による組織不祥事が社会からの批判を受けていた時代に発生していなかったとも考えにくい。それにもかかわらず，経営倫理の主たる対象が企業であった要因は，事業活動と倫理的行動の実践とが相反するという意識があったからであろう。しかしながら，様々な組織による組織不祥事が大きく報道され，社会からの関心が高まるにつれて，これらは相反する関係ではなく，倫理的行動は事業活動の根底に必要とされるものであると認識されるようになった。このことに鑑みれば，経営倫理の実践は企業のみならず，持続的な事業活動を前提とするすべての組織に求められる重要な課題事項であるといえよう。

3-2　公的規制と経営倫理

　経営倫理は組織による組織不祥事の防止を主たる目的としている。序論で述べたように，組織不祥事が意味する内容は多岐にわたっている。しかしその多くは法律に違反した犯罪行為である。一方で，法律には違反していないものの，不適切な行為もまた社会から激しく批判されることとなる。経営倫理は，こうした法律の枠組みでは対処することのできない領域の問題をも包摂し，あらゆる組織不祥事を未然に防ぐことが目的である。言うまでもなく，政府も社

会の変化に伴い公的規制の強化を図っている。しかし，法律の制定には多大なコストと時間を要する。実際に，公害問題が社会から大きく注目される契機となったイタイイタイ病（1955 年）や水俣病（1956 年）の発生から，「公害対策基本法」（1967 年）や「自然環境保全法」（1972 年）[4] の制定まで 10 年以上かかっている。そのため，公害などの諸問題が発生した後で，事後的に対応することよりも，こうした諸問題の発生を事前に防止する予防的措置が極めて重要であり，この点において，組織は自主的にコンプライアンスの強化や倫理教育によって経営倫理を実践することが求められるのである。

　また，いかに大規模な組織であっても組織単独で行う規制には限界がある。したがって，個々の組織による倫理制度の確立に加え，業界単位での取り組みも必要とされる。たとえば，製薬企業の属する医薬品業界では，日本製薬工業協会（以下，製薬協と表記）[5] が主導となって，加盟企業が自社製品をプロモーション，販売する際に遵守するべきガイドラインを明示している[6]。こうした業界単位での取り組みは，業界の特殊性を踏まえた仕組みを構築することに加え，加盟している組織全体の倫理意識を向上させることにも繋がる。また，政府が行う公的規制の強化に比べ，時間やコストを抑えることができ，外部環境の変化にある程度柔軟に対応することができる点で意義がある。一方で，こうしたガイドラインは，法律と異なり罰則規定がないことから拘束力に欠けることは否定できない。したがって，こうした組織単位，あるいは業界単位での制度をいかにして，実践に結びつけるかが重要な課題である。

3-3　倫理的課題事項の質的変化

　組織における倫理的課題事項の質的変化には，グローバル化と情報技術の発展が大きく関係している。今日，グローバル化によって，組織は様々な文化的・宗教的価値観を有する人々によって構成されている。第 2 章：4-1 でも述べたように，これまでの経営倫理研究は組織構成員の個人人格と組織人格とを切り離し，組織人格に焦点を当てたものが主であった。しかしながら，組織内の多様性がより複雑になっているからこそ，組織構成員の個人人格は軽視することのできない重要な側面であるといえる。

　また，情報通信技術の発展，とりわけ人工知能（Artificial Intelligence）の

普及は著しく，今後，組織を取り巻く環境をさらに大きく変化させることが予想される。たとえば，自動車の自動運転技術が進展すれば，消費者が日々の生活で使用する自家用車のみならず，タクシーやバスの運転も機械が取って代わるようになり，「運転手」という職はなくなるかもしれない。また，2016年12月12日の日本経済新聞には，コンビニエンスストアの会計を機械が行う「無人コンビニ」の実証実験が大阪で行われたことが記載されている。こうした技術の革新に伴う「労働の自動化」は大幅な人件費削減や労働の省力化に繋がる。しかし，これまで人間が行ってきた仕事を機械が代替することにより失業者が増加すること，また，事故が発生した際，使用者の責任なのか，あるいはその製造者の責任なのか，事故の責任の所在といった課題もある。

　今後，更なる技術革新の進展によって，様々な組織において人工知能が導入されるとすれば，組織は「人間と人間の協働」のみならず「人間と機械の協働」も求められるようになり，機械を扱う人間の個人倫理が問われる場面は多くなるといえよう。

　こうした日々変化する外部環境に即して表面化する倫理的課題事項に組織が対応していくために有効な手段となるのが「経営倫理の制度化」，すなわち倫理制度の確立である。「経営倫理の制度化」は1990年代を中心に進展してきた。近年では，大企業をはじめ様々な組織が，独自の組織特性を踏まえた倫理制度を確立していることから，「経営倫理の制度化」に関する経営倫理研究が一定の成果として結実していることは明らかであろう。一方で，こうした倫理制度が，今日の経営倫理研究における重要な課題として挙げられる。このことに鑑み，以下では，「経営倫理の制度化」がどのようにして進展してきたのか，そして倫理制度の現状と課題に関して考察していく。

4　経営倫理の制度化

　第1章で確認したように，アメリカでは1970年代半ばに経営倫理への関心が高まり，そのような関心に応える形で「経営倫理の制度化」が進展していった。「経営倫理の制度化」とは，「経営倫理の実践を確実なものとするために考案された特定の制度・機構・手段などを整備・設置・採用することにより，経

営倫理の実現を客観的に保障し，組織的に遂行すること」である（中村 1994,
254頁）。「経営倫理の制度化」が進展してきた具体的な契機は，以下のようで
あった。すなわち，①CEA（Council of Economic Advisers：大統領経済諮問
委員会）[7] の強力な指導，②社会からの信頼を勝ち取り，それを維持すること
が要求されたこと，③経営のプロとしての自覚が必要になってきたこと，④従
業員の誤った行動を防ぐ必要があったこと，⑤法律に従って行動することが求
められたこと，そして⑥企業構造の変化への対応が必要であるとの認識がこれ
である（宮坂 2003, 42頁）。

　これらの契機と同時に，「経営倫理の制度化」は以下のような理由で，とり
わけ企業にとって重要であると考えられた。すなわち，①倫理制度には倫理上
の方針が明示され，従業員が様々な状況のもとでいかに行動すべきかが明示
されていること，②その企業が内部の人間に企業の方針，あるいは行動の倫
理次元を認識することを求め，期待していることが明らかにされていること，
③従業員の行動に方向を与えるだけではなく，経営者の専制的な権力を統制で
きること，④企業の社会的責任を明確に示すことができること，そして⑤倫理
制度の制定は明らかに企業自身の利益に繋がることがこれである（宮坂 2003,
42-43頁）。

4-1 「コンプライアンス型」の倫理制度

　このように，「経営倫理の制度化」は企業にとって多くの意味で有益である
との認識が広まり，アメリカにおける経営倫理の制度化は1990年代半ばには
大企業を中心に広範な浸透を見せることとなる。当時の経営倫理の制度化は主
に「コンプライアンス型」であり，この基本的な骨格となったのが，防衛産業
の組織不祥事に発する「防衛産業イニシアチブや1991年発効の組織不正行為
の刑事罰に関する「連邦量刑ガイドライン」の制定であった。

　「防衛産業イニシアチブ」とは，防衛産業各社が自発的に組織した団体であ
り，この組織は以下に挙げる3つの目的をもつ。それは①防衛産業で働くすべ
ての従業員に対する倫理基準を制定すること，②こうした倫理基準遵守の経営
姿勢が徹底しているかどうかの自己点検を促進し，法の要求を超える高い倫理
基準であってもこれが守られていない場合には適切な処置をとるように勧告

すること，③倫理や企業行動に関する課題事項に対応する最善の実践例（best practice）を互いに分かち合うことである（岡本・梅津 2006, 148 頁）。

「連邦量刑ガイドライン」は，1987 年にアメリカ下院の司法制度改革の一環として導入された。それまでは刑事罰の量刑は裁判官の権威と裁量のもとで行われていたが，法が規定する刑罰の範囲内とはいえ実際に判決で決定する刑期などについては相当のばらつきがあり，またその後の仮釈放に関する扱いも相当程度の差が認められていたため，より客観性のある量刑ガイドラインに基づく判決を実施しようとする連邦議会の意向を受けて実施されたものである（岡本・梅津 2006, 149 頁）。これにより，企業が倫理制度を整備している場合には，当該組織において組織不祥事が発生したとしても，損害賠償責任が軽減されたことにある（中村 2003a, 20 頁）。

「コンプライアンス型」の倫理制度は，このような両者の展開過程を経て端緒についた。さらに，1990 年代を通じて「コンプライアンス型」とは異なった経営倫理の制度化の試みが現れることとなる。そのひとつが「価値共有型」であり，「コンプライアンス型」と好対照をなしながら，この 2 つの制度化手法が今日においてもアメリカの経営倫理プログラムの基礎をなしていると捉えることができる。

4-2 「価値共有型」の倫理制度

「価値共有型」が発展してきた背景には，「コンプライアンス型」の倫理制度が一応の定着をみて，1990 年代後半からその反省を踏まえた新展開として現れたということがいえる。「防衛産業イニシアチブ」や「連邦量刑ガイドライン」の制定などの法改正を受けて倫理を制度化した企業も，実際の倫理意識の定着を考えると，外部からの強制的制度化であった。さらに，その形式性と煩雑さが特徴でもある法体系の厳守だけを繰り返し述べるだけでは限界があり，やはり何らかの自発的・自主的な取り組みが求められてきたのである（梅津 2007, 7 頁）。

「価値共有型」の倫理制度は「誠実さ（Integrity）をめざす戦略」とも呼ばれ，「コンプライアンス型」との基本的な相違は表 3-1 のようにまとめられる。

梅津（2007）によれば，「価値共有型」の倫理制度の目指す方向性は本質的

表 3-1　「コンプライアンス型」と「価値共有型」との比較

	「コンプライアンス型」	「価値共有型」
精神的基盤	外部から強制された基準に適合	自ら選定した基準に従った自己規制
Code の特徴	詳細で具体的な禁止条項・価値観	抽象度の高い原則
目的	非合法行為の防止	責任ある行為の実行
リーダーシップ	弁護士が主導	経営者が主導
管理手法	監査と内部統制	責任を伴った権限委譲
相談窓口	内部通報制度（ホットライン）	社内相談窓口（ヘルプライン）
教育方法	座学による受動的研修	ケース・メソッドを含む能動的研修
裁量範囲	個人裁量範囲の縮小	個人裁量範囲内の自由
人間観	物質的な自己利益に導かれる自立的存在	物質的な自己利益だけでなく価値観，理想，同僚にも導かれる社会的存在

出所：Paine (1996), p. 94, 翻訳書 82 頁ならびに，梅津（2002），134 頁を基に筆者作成。

　な倫理の重要性の把握と，組織に倫理を浸透させるための自発的，能動的な取り組みであり，従業員は責任ある行為の実行という積極的な参加を要求される。「価値共有型」の倫理制度は，「コンプライアンス型」が陥りがちな表面的，形式的な制度化を整えただけでよしとする弊害を理解した上で，それを克服する方法として倫理的価値の理解と共有とを行うという点で，より本質的な倫理の浸透を促すものである。また「価値共有型」の倫理制度は，企業経営の本質においても重要な意味をもつ価値創造を契機に，倫理を経営そのものの中に統合させようとする点も見られる。ある意味では，価値という共通概念で倫理と経営とを内在的に繋ぎ合わせようとする試みであり，ここでは経営を外部から束縛するものとしての倫理といった意味合いは見られない。「コンプライアンス型」の倫理理解が経営からは制限原理として敬遠されがちであり，また「コンプライアンス型」を経営に浸透させようとすると，硬直的でマニュアル化した経営を招いてしまうという反省が込められた方法であるとしている（梅津 2007, 8-9頁）。確かに，コンプライアンスは事後的であることから新しく誕生してくる倫理的課題の対応にも後手になる可能性は否定できないであろう。

　さて，このように「コンプライアンス型」から出発したアメリカにおける「経営倫理の制度化」は，「価値共有型」を進展させることによってより一層の

深化と発展とをみせ，1990年代を通じて倫理が企業経営における不可欠の要素であることを認識させた。言うまでもなく，この2つの型はどちらが良いということではない。「コンプライアンス型」と「価値共有型」とは互いに不足している点を補完し合うことで，経営倫理の実践のために企業を律する役割を果たしているのである。つまり，倫理制度とは，社会からの要請に対応していくこと（「コンプライアンス型」）と同時に，社会の変化に迅速に適応していくこと（「価値共有型」）が求められるのである。

4-3　倫理制度の現状と課題

　1990年代を通じて発展してきた「経営倫理の制度化」は，先進国の大企業を中心に浸透し，今日では様々な組織が独自の組織特性を踏まえた倫理制度を確立している。さらに言えば，単独の組織のみならず政府が主導となり，特定の業界を対象とした倫理制度も確立されている。このことからも経営倫理の概念が示す適用範囲は広範になっていると言えよう。しかし，社会的風潮や他の組織（あるいは業界）がやっているから，といった他律的な義務感によって倫理制度を整えている組織もあるのではないだろうか。そうした組織の倫理制度はただの「飾り」となり，硬直化・形骸化してしまう。経営倫理は，すべての組織構成員に浸透し，実践されてこそ有効性を発揮するのである。したがって，組織の管理者や倫理制度の策定者が，その実践を一方的に組織構成員に求めるだけでは不十分である。倫理制度は，それを実践する人間が受け入れて初めて有効性を発揮するのである。この意味において，組織の管理者や倫理制度の策定者と組織構成員とが相互に関わり合うことは重要であろう。

　たとえば，2015年6月に成立し，同年10月より施行された「医療事故調査制度」は，医療事故が発生した医療法人において院内調査を行い，その調査を基に第三者機関（医療事故調査・支援センター）が収集・分析することで，再発防止ならびに医療の安全の確保を目的としている[8]。2016年10月，その施行から1年が経過したが，同制度に基づいて報告された医療事故の件数は388件と当初想定されていた1,300件から2,000件を大きく下回った（『朝日新聞』2016年11月3日朝刊）[9]。さらに，報告された医療事故の報告書の中には，原因や再発防止策などの記載がなく，遺族から不満の声があがるものもあった

(『朝日新聞』2016 年 9 月 29 日)。報告された医療事故が少なかった最大の要因は，医療事故の定義が曖昧であったことが指摘されよう。この制度では「医療事故」を「医療行為に起因する予期しない死亡や死産」と定義している。したがって，重大な後遺症が残ったとしても死亡にまで至らなかった場合は医療事故には含まれないのである。さらに，医療事故に該当するか否かはあくまで医療法人が判断するのであり，医療法人側が報告することを怠った場合や，報告することで自身あるいは所属する医療法人の信頼を損ないたくないと考えた場合，報告件数が少なくなることは明らかであろう。

　医療事故調査制度の例からわかるように，いかに制度を整えたとしても，これを実践する組織が目的に賛同し，受け入れなければ機能しないのである。このことは，ひとつの組織における倫理制度にも同様のことがいえる。前述のように，組織の管理者や倫理制度の策定者が，組織構成員に対し一方的に倫理制度の実践を押し付けていては組織構成員の個人倫理を阻害することに繋がる。また，組織構成員は自らも倫理制度の確立に関与するという意識をもつことが求められる。経営倫理の実践を担う組織構成員も自身の組織における組織倫理を形成するために重要な役割を担うのである。

5　本章のまとめ

　本章では，経営倫理における経営学アプローチに焦点を当て，これがどのように展開されてきたのかを整理してきた。経営学アプローチは「企業と社会」論をその基礎としており，ここでいう「企業」をどのように捉えるのかという企業観の変化に伴い，経営倫理の対象もまた，単に事業主体としての「企業」ではなく，事業活動を担う組織全般へと拡大してきた。

　加えて，経営倫理の概念は「制度化」を通じて，組織構成員に「とるべき行動」を明示することによって，より倫理的行動を実践する方向へと深化していったと理解することができる。1990 年代から 2000 年代初頭にかけて発生した組織不祥事が社会的に大きな批判を浴びる中，大企業を中心に，こうした組織不祥事を防止することを目的として積極的に倫理制度の確立に取り組むようになった。その結果，今日では倫理制度を確立していない大企業はほとんどな

いといえる。さらに，株式会社をはじめとする営利企業のみならず，医療法人や学校法人など非営利組織もまた倫理制度の確立に取り組んでいることから，これまでの経営倫理研究は，倫理制度の充実という形で結実しているといえる。

一方で，第1章で取り上げた三菱自動車の事例からもわかるように，こうした倫理制度を確立している組織が組織不祥事を引き起こすという事例は決して珍しいことではない。このことに鑑みれば，すべての組織が該当するわけではないが，倫理制度を確立している組織の中には，「他の組織が行っているから，自らの組織でも行う」といった他律的な義務感によって，倫理の制度化を行っている組織，あるいは，倫理の制度化を社会的なムーブメントとして捉え，倫理制度を整えることが目的となってしまっている組織もあるのではないだろうか。こうした組織の倫理制度は単なる飾りとなり，倫理制度の「形骸化」を招いてしまう。倫理制度は「組織不祥事を防止すること」が主たる目的のひとつであり，これは，すべての組織構成員に浸透し，実践されて初めて効果を発揮するのである。

第2章では，組織とそれに属する個人との関係から，経営倫理における応用倫理学アプローチの課題を考察したことに対し，本章では，組織と外部ステイクホルダーとの関係から，経営倫理における経営学アプローチの課題を考察してきた。言い換えれば，応用倫理学アプローチは個人の視点を中心に組織内部に焦点を当てており，経営学アプローチは，組織の視点を中心に組織外部に焦点を当てているといえる。したがって，これら両アプローチは相互補完的な関係にあると理解できよう。しかし同時に，これら両アプローチの課題として，「倫理制度が実践にまで結びついているのか」ということが挙げられた。すなわち，「どのような制度を整備するのか」ではなく，「どのようにして倫理制度を実践していくのか」を議論することが経営倫理における喫緊の課題なのである。

注：
1　ドイツやフランスは，株主と従業員の利益均衡を図る考え方から，二元的企業観に分類される（吉森 1998, 42頁）。
2　ISO とは，スイスのジュネーブに本部をおいている非政府組織であり，2018年12月末時点で

162 カ国が加盟している。日本産業標準調査会 HP（https://www.jisc.go.jp/international/iso-guide.html, 最終アクセス日：2021 年 2 月 10 日）を参照。主な目的は，品質や安全性，生産性の向上を図るために，モノやサービス，仕組みに関して，組織が満たすべき共通の考え方やルールを定めた規格を作成することである。

3　International Standard（2010）, Guidance on social responsibility, International Organization for Standardization を参照。

4　「環境基本法」（1993 年）の公布に伴い，「公害対策基本法」は廃止され，「自然環境保全法」は，この法律に取り込まれる形で改正された。

5　製薬協とは，「患者参加型医療の実現」を目指し，製薬企業 73 社（2021 年 1 月時点）が加盟する任意団体である。日本製薬工業協会 HP（http://www.jpma.or.jp/about/jpma_info/member.html, 最終アクセス日：2021 年 2 月 10 日）を参照。

6　日本製薬工業協会 HP「製薬協コード・オブ・プラクティス」（http://www.jpma.or.jp/about/basis/code/pdf/code2.pdf, 最終アクセス日：2018 年 4 月 25 日）。

7　CEA とは，1946 年に創設されたアメリカ合衆国大統領行政府の一部門であり，多くの経済政策を大統領に提示・助言することを目的とした組織である。

8　厚生労働省「医療事故調査制度について」を参照（http://www.mhlw.go.jp/stf/seisakunitsuite/.bunya/0000061201.html, 最終アクセス日：2017 年 8 月 9 日）。

9　医療事故の年間発生件数の推移とその発生要因に関しては，第 6 章に詳述する。

第Ⅰ部 小括

経営倫理の実践における中心的課題

　第Ⅰ部では，従来の経営倫理研究がどのように展開されてきたのかを，経営倫理における2つの代表的なアプローチ（応用倫理学アプローチと経営学アプローチ）に基づいて確認してきた。経営倫理には「理論」，「実践」，そして「制度」の3つの側面があり，これらが相互関係を築くことによって，経営倫理は有効性を発揮するのである。しかし現実において，これら3つの側面（とりわけ理論と実践）の間に乖離が生じ，経営倫理を実践できていない組織も存在している。すなわち，理論と実践の乖離問題をいかにして是正するのかが，経営倫理研究の中心的課題であると考える。

　ここまで確認してきたように，応用倫理学アプローチと経営学アプローチは対比関係であると同時に，相互補完的なアプローチである。それにもかかわらず，これら両アプローチに共通する課題として経営倫理の理論と実践の乖離が挙げられるのには，両アプローチが見落としている点があると理解されよう。

　組織における個人が倫理的行動を実践する際，彼（女）らはまず倫理的課題を「認知」し，その上で，複数ある選択肢の中から最も倫理的な行動とは何かを「判断」する。そして，実際にそれを行動に移す「意思決定」を行い，実際に行動するというプロセスを経る（図序-2参照）。経営倫理研究における理論の基礎となっている規範倫理学は，人間が倫理的課題を「認知」していることを前提とした上で，「どのように行動するべきなのか」という倫理的思考をその研究対象としている。この意味において，経営倫理研究における応用倫理学アプローチは，かかるプロセスの「判断」の段階に焦点を当てていると理解することができよう。一方で，経営学アプローチは，組織不祥事という実際に発

生した事象に基づき，組織が同様の倫理的課題に直面した際に，組織構成員が「どのように行動するべきなのか」を倫理制度に反映している。したがって，経営学アプローチも応用倫理学アプローチと同様に，「判断」の段階に焦点を当てているといえよう。

　しかしながら，人間は頭では倫理的行動を実践することの重要性を理解していたとしても，実際にそれを実践することができるとは限らない。また，そもそも倫理的課題の存在に気付かない可能性も十分に考えられる。このことに鑑みれば，倫理的行動を実践するプロセスにおける「認知」と「意思決定」の段階にも焦点を当てることが重要であろう（「意思決定」の段階に焦点を当てた行動倫理学アプローチに関しては第7章に詳述）。

　第2章：第4節で取り上げた徳倫理の視座は，従来の規範倫理学とは異なり，「行為」ではなく「行為主体」に焦点を当て，組織構成員の個人倫理の向上を図ることの重要性を主張している。組織構成員の個人倫理を向上させることは，彼（女）らの倫理的課題を「認知」する能力を高めることに繋がる。この意味において，徳倫理は，倫理的行動を実践するプロセスの「認知」の段階に焦点を当てていると理解することができる。しかしながら，実際に「どのようにして個人倫理を高めるのか」についてはさらに議論を深める必要があろう。

　さらに，第3章で述べたように，個人倫理と組織倫理に加えて専門職倫理も重要な概念である（専門職倫理に関しては第5章：第4節に詳述）。近年著しく進展している技術革新に伴い，組織を取り巻く外部環境は大きく変化している。こうした科学や技術を扱う職種，あるいは高度な専門的知識を有する職種を「専門職」と位置付けるとすれば，経営倫理の実践において，専門職倫理は軽視することはできない。つまり，組織構成員の行動には個人倫理，組織倫理，そして専門職倫理といった属性の異なる倫理がそれぞれ影響を与えることになる。かかる理解を踏まえ，第Ⅱ部（第4章から第6章）では，医療法人を主たる対象として議論を展開していく。医療法人を対象とする理由は以下の通りである。

　第一に，医療法人は非営利組織として，「人々の健康の維持・増進」を社会的使命としている一方，持続的に活動していくために収益も確保しなければな

らない。したがって，人間の生命に関わる極めて重要な使命を有するからこそ，倫理的課題に直面する機会も多く，他の組織と比して，より厳格な倫理制度の確立とその実践とが求められると予測される。かかる仮定にたてば，経済性と公共性の両立を図ることが必須となる医療法人を対象とした経営倫理研究は，経営倫理の実践に関して議論する上で一定の意義を有すると考える。

　第二に，医療法人は専門性の高い知識や技術を有する人々によって構成されていることである。前述のように，組織が経営倫理を実践していく上で，専門職倫理をどのように位置付けるかは重要な視点である。技術革新の更なる進展に際して，今後，専門職倫理に対する関心がますます高まることが予想されることから，今日において，非常に高度な専門的知識や技術を有する人々によって構成される医療法人を対象として，個人倫理，組織倫理，そして専門職倫理をどのように統合していくのかを議論することは大きな意義を有するであろう。したがって，第Ⅱ部では医療法人の組織特性と今日における諸問題を考察していく。

第 II 部

医療法人の組織特性と実践上の諸問題

第4章

医療法人を取り巻く諸問題

1 はじめに

　第Ⅰ部において確認したように，経営倫理研究は20世紀を通じて，先進国を中心に広がりをみせた。近年では，企業のみならず，営利追求を主たる目的とは位置付けない組織（たとえば学校法人や医療法人など）もまた，自身の組織において発生しうる組織不祥事を防止するために倫理制度を整備・確立している。このことは，これまでの経営倫理研究が「倫理制度の充実」として結実していることの証左であろう。

　一方で，こうした背景には，学校法人による政府との癒着や医療法人による医療事故など企業とは異なる組織によって引き起こされた組織不祥事への社会からの関心が高まっていることも起因している。したがって，本研究において主たる対象とする医療法人においても，倫理制度を整えることに止めることなく，これをどのようにして組織構成員の行動レベルにまで浸透させるのか，すなわち経営倫理の実践が喫緊の課題として取り上げられよう。

　医療法人は，「人々の健康の維持・増進」をその社会的使命としている。つまり，人間の生死に関わる重要な責任を負っている。したがって，医療事故をいかにして未然に防止するのかは重要な主題であろう。

　ひとくちに医療事故といってもその発生要因は様々である。たとえば，非倫理的な組織倫理や個人倫理に起因する要因や外部ステイクホルダーとの歪んだ関係に起因する要因など医療法人に限らず，あらゆる組織にある程度共通する要因もあれば，医療法人の組織特性（第5章に詳述）に起因する要因も存在す

る。このことに鑑み，本章では前者の要因，とりわけ以下の3点に焦点を当て議論を展開していくこととする。

　第一に，組織倫理に関わる要因である。営利追求を主たる目的とはしない医療法人であっても，持続的に活動を展開していくための収益を確保することは重要な責任である。しかし，過度な経営の効率化は，組織構成員である医療従事者に過重労働を強いることにも繋がる。その結果，医療従事者の判断力の低下，あるいは注意力が散漫になり，医療事故へと発展することも考えられる。したがって，医療の効率化（経済的責任）と組織倫理の調和をどのようにして図るのかは，他の組織と共通する課題事項であろう。

　第二に，外部ステイクホルダーとの関係に起因する要因である。医療法人も他の組織と同様に，その社会的使命を果たすためには他のステイクホルダーとの関係を欠かすことはできない。しかし，時に歪んだ関係が重大な薬害問題や医療事故を引き起こすことにもなる。

　最後に，医療従事者の個人倫理に関わる要因である。近年，技術革新の進展は著しく，医療技術も同様に高度化している。こうした技術の活用により，医療の質の飛躍的な向上が見込まれる一方で，高度かつ専門的な技術だからこそ伴うリスクも存在する。かかるリスクを考慮せず，医療従事者が自己の経済的利益を追求するあまり，あるいは自己の名誉欲を第一に考えた結果，医療事故へと発展することも考えられる。したがって，このような技術を扱う人間の個人倫理を高めることは，他の組織同様（あるいはそれ以上）に求められるのである。

　かかる3点を踏まえた上で，本章では医療法人を取り巻く諸問題を整理するとともに，こうした様々な諸問題が，医療事故の要因にも繋がっていることを明らかにする。

2　医療の効率化と医療従事者の過重労働

　本節では，まず企業と医療法人との相違を確認する。これらは，企業が利益追求を主たる目的のひとつと位置付ける営利法人であることに対し，医療法人はそれを主たる目的としていない非営利法人であることから，対極的な組織で

あると考えることもできる。

　しかしながら，目的に相違があったとしても医療法人も企業と同様の問題が生じることも十分考えられる。このことに鑑み，本節ではあらゆる組織に共通して生じうる課題事項のひとつである経営の効率化と組織構成員の過重労働とのジレンマに焦点を当てて議論を展開していく。

2-1　企業と医療法人との相違

　組織は，営利目的の有無によって，営利組織（profit organization）と非営利組織（non-profit organization）との2つに分類される。前者は企業，とりわけ株式会社，後者は医療法人，福祉施設，学校法人，宗教法人などが挙げられる。

　企業を株式会社に限定して議論を展開すると，私有財産制度の下では，企業の最高意思決定権を有しているのは株主である。したがって，企業の経営者は，株主に対して受託者責任（fiduciary duty）と説明責任（accountability）とを負っており，事業活動を通じて株主価値（株主への配当，あるいは証券取引所に上場している企業であれば株価）を最大化させることを主たる使命としている。もちろん，第3章でも述べたように，近年では，従業員，サプライヤー，あるいは環境への配慮といった社会的責任の履行も企業の重要な使命となっている。

　一方で，非営利組織の代表として本研究において主たる研究対象としている医療法人は，医療法により，営利目的の病院，診療所の開設が認められていない（医療法：7条5項）。加えて「医療法人は，剰余金の配当をしてはならない」（医療法：54条）と厳格に規制されている。近年では，社会的企業（Social Business）あるいは，社会的起業家（Social Entrepreneur）をはじめとする営利追求よりも社会貢献に焦点を当てたビジネスへの関心も高まっていることから，営利・非営利組織の境界も曖昧なものとなってきているとはいうものの，医療法人においては法律により営利追求が規制されていることから，ここに企業との相違を見出すことができよう。

　このように組織を取り巻く環境，とりわけ法律による規制によって，企業と医療法人とは異なった性格を有しているものの，一方で「組織」という側面に

焦点を当ててみると両者は同様の課題に直面しているとも考えることができる。たとえば，第4章：第1節で挙げたような組織構成員の過重労働や外部ステイクホルダーとの歪んだ関係などがこれに相当する。しかしながら，これらは企業と医療法人に共通する諸課題ではあるものの，こうした問題が生じる要因も同様であるとは限らない。このことに鑑み，本節では，医療法人における医療従事者，とりわけ医師の過重労働問題に焦点を当て，議論を展開していく。

2-2　医療法人における経営の効率化阻害要因

　前述のように，日本の医療法人は医療法によって，「営利追求を目的としてはならない」と定められている。一方で，医療法人が持続的にサービスを提供していくためには一定の収益がなければならない。近年，日本の医療法人の多くが赤字経営[1]に直面しており，社会的使命と収益の確保をいかにして両立させるのかが重要な課題となっている。しかしながら，これらの両立を図る上で医療法人を取り巻く制度がこれを阻害する要因となっている。

　たとえば，従来，医療法人の理事長は，医療法によって「医師または歯科医師でなければならない」とされていた（医療法：46条の三）。2002年に，「医師または歯科医師。都道府県知事の認可を受けた場合，他のものから選出できる」と医療法改正が行われた。しかしながら，医学的知識の欠落に起因して問題が生じることを未然に防止するために，原則として医師または歯科医師であることが望ましいとされているため，今日においても，多くの医療法人では，医師や歯科医師が理事長を務める状況にある。

　医療法人の理事長は，企業であれば経営者に相当する。しかしながら，医療行為を行う能力と組織をマネジメントする能力が異なる以上，優れた医師が優れた理事長，すなわち経営者であるとは限らない。したがって，日本の医療法人では，経営者のミスマッチが生じやすい制度になっているといえよう。

　こうした状況下において，医療法人の経営者である理事長が過度な経営合理化を図り，非倫理的な行動をとってしまう，あるいは人員の削減により医療従事者への負担が増加することで注意力の低下をもたらし，医療事故が起こりやすくなることも考えられる。その結果，患者をはじめとする様々なステイク

ホルダーからの信頼が喪失し，更なる経営悪化を招いてしまうことも考えられる。とりわけ，日本では公定薬価制度（第 5 章：2-2 に詳述）を採用していることから，医療法人は提供する医薬品の価格決定権を有していない。そのため，提供する医薬品の価格を操作することで経営状態を回復させるといった取り組みを行うことができないことから，こうした制度が医療従事者への負担を増大させるひとつの要因にもなりうると考えられる。

2-3　医療従事者の過重労働問題

　医療従事者の過重労働問題は，医療法人が経営合理化を図る上での負の影響によってのみ生じる問題ではない。近年，日本の医療法人ではそもそも医師が不足しているという課題に直面している。

　1986 年，厚生省（現在の厚生労働省）は，有識者の答申に従って，国公立大学の医学部定員を 1 割程度削減し，私立大学にも同様の措置を要請した。この背景には，日本では，近い将来医師過剰になるのではないかという憶測が盛んに流されたこと，そしてドイツでは，医師の増加に伴い医療費も増大したという説が流布されたこと（もっとも医療費の増加は長期的趨勢で，医師の増加がこれをもたらしたという検証は行われなかった）などが関連していた（長坂 2010, 40-41 頁）。

　しかしながら，こうした取り組みから約 20 年経過した 2000 年代になって，医師不足が表面化することとなった。とりわけ，産婦人科に関しては医師不足が非常に深刻な問題となっている。少子化が進展し，出生率が減少してきているとはいえ，2016 年における産婦人科の医師が取り上げる新生児の数は平均して 1 ヶ月に 7 人という計算になる[2]。しかしながら，これはあくまで計算上の平均であって，実際には，新生児が規則的に生まれるわけではなく，またどの医療法人にも満遍なく妊婦が入院することもないため，一部の医師に集中することも起こりうる。加えて，自然分娩は昼夜を問わず行われることから，中には長時間にわたる業務を強いられる医師も少なくない。一方で，産婦人科は妊婦や新生児といった免疫力の低い患者を対象としていることから大きなリスクも負うこととなる[3]。こうしたリスクの大きさと，過酷な労働環境が相まって，産婦人科の医師不足に拍車がかかっていると考えられる。

　医師不足が深刻なのは産婦人科のみならず，小児科，救急科，麻酔科など様々な分野においても同様の問題が生じている。たとえば，日本の幼児（1歳から5歳）死亡率は先進国の中で最悪の部類に属している。このことは，小児科医，とりわけ経験のある小児科医の不足に加え，小児ICU（Intensive Care Unit：集中治療室）など小児のための施設が不足していることが原因と考えられている（長坂 2010, 45頁）。

　こうした医師不足がますます医師の労働環境を悪化させる要因となり，最悪の場合，医師の過労死といった問題にまで発展することとなる。確かに医療法人は，人々の健康の維持・増進といった重要な社会的使命を担っている。ここでいう「人々」とは患者のみを意味するのではなく，患者を救う医師，さらには医療従事者らも含め，彼（女）らの労働環境を見直すことも医療法人の重要な課題事項であろう。

3　医療法人における外部ステイクホルダーとの諸関係

　第2節で述べたように，今日，あらゆる組織にとって自身を取り巻くステイクホルダーとの良好な関係をいかにして構築するかは重要な課題である。たとえば，企業であれば消費者に安全な商品を提供し，従業員の労働環境に配慮し，また株主への配当をより多くすることなどがこれに当たるであろう。言い換えれば，こうしたステイクホルダーに不利益を与える行為が組織不祥事として社会から批判を浴びることとなる。

　医療法人も例外ではなく，組織として様々なステイクホルダーに対して責任を負っている。医療法人の社会的使命に鑑みれば，医療行為を受ける患者が最も重要なステイクホルダーと位置付けられる。他方，医薬品の処方に関して言えば，患者は服用する医薬品を自ら選択することはできず，その決定は医師に依存している。したがって，処方する医薬品には高い安全性が求められることから，医薬品を研究・開発する製薬企業から医療従事者への正確な情報伝達は必須であり，この意味において製薬企業も重要なステイクホルダーといえよう。加えて，前節で確認したように，医療法人は医療法や政府，とりわけ厚生労働省によって導入された制度によって，その活動が厳しく制約されている。

このように，制度を整備する主体（政府）と実際に制度を実践する主体（医療法人）とが異なるからこそ，両者のコミュニケーションは不可欠であり，医療法人に大きな影響を与えうる政府もまた，重要なステイクホルダーと位置付けることができよう。

　言うまでもなく，今日，社会における組織と組織との関係は複雑になっており，医療法人を取り巻くステイクホルダーもまた無数に存在している。その中から，本節では医療法人にとりわけ大きな影響を与える外部ステイクホルダーであると考えられる患者，製薬企業，そして政府の3つに焦点を当てて議論を展開していく。

3-1　医療法人と患者

　本研究において繰り返し論じているように，医療法人の社会的使命は「人々の健康の維持・増進」である。したがって，医療法人において最も重要なステイクホルダーは患者であるということができる。医療従事者と患者との間には，医療従事者が高度な専門的知識や技術を有する専門職従事者であることに起因して，「情報の非対称性」が生じる（第5章：3-1に詳述）。加えて，その専門性に起因して，患者は手術の方法や処方される医薬品の選択に関して，医師に依存する傾向にある。したがって，その決定権は医師が有することから，両者の間には「権力の非対称性」も生じていると考えることができよう。このことからも，医療従事者，とりわけ医師はその権力に付随して大きな責任を有していると考えられる。

　他方，患者は医師に対して「治してもらえる」という期待をもっている。しかしながら，いかに医療技術が進歩しようと医療行為や医薬品の服用にはリスク（たとえば副作用）が存在している。こうした患者からの期待と「医療」の特殊性とのギャップが医師への負担となりうる。近年では，インフォームド・コンセント（informed consent）[4]やセカンド・オピニオン（second opinion）[5]などを促進する動きに伴い，医療従事者と患者との関係は変わりつつある。こうした取り組みをより浸透させるためには，医療法人のみならず，患者の意識も変わっていかなければならないであろう。

　また，医療法人がその社会的使命を果たしていくためには他のステイクホル

ダーとの協調が不可欠である。たとえば，医療に携わる企業（医療機器メーカーや製薬企業）は，製品のもたらすデメリットを含め正確な情報を医療従事者に伝えなければならない。とりわけ，製薬企業は医薬品の有する副作用の影響が患者によって異なることも考えられることから，その責任が大きいであろう。このことに鑑み，次節では医療法人と製薬企業の関係を整理するとともに，両者の歪んだ関係がもたらす影響に関して考察を加える。

3-2　医療法人と製薬企業

　医療機器メーカーや製薬企業による製品は，医療従事者を介して患者に提供される。この際，医療機器の使用法に関して，企業から医療従事者への十分な情報伝達は不可欠であるが，それを使用する医療従事者の技術もまた同様に重要であることに対し，製薬企業によって研究・開発される医薬品については，医療法人との共同開発を除けば，その医薬品に関する情報は大きく製薬企業に依存することとなる。したがって，製薬企業には医薬品の副作用も含めた適切な情報を説明する責任が求められるのである。このことに鑑み，本項ではとりわけ医療法人と製薬企業との関係に焦点を当てる。

　2016 年 4 月以降，医療用医薬品製造販売業公正取引協議会[6]によって，製薬企業から医療従事者への接待に関する規制が強化[7]されたことを受けて，採用する医薬品の決定権を有する医療従事者（とりわけ医師）と製薬企業との「権力の非対称性」は緩和されつつある。

　他方で，医薬品の承認審査は，患者に対する臨床試験（治験）を経た後に行われるため，医師の協力が不可欠である（細川 2006, 226 頁）。加えて，前述のように医療法人は，製薬企業と患者とを繋ぐ重要な役割を担う。かかる理解を踏まえれば，医療法人と製薬企業との両者に倫理的行動を実践する高い意識が求められるといえよう。

3-3　医療法人と政府

　「医療」の分野にかかわらず，政府は様々な規制の担い手である。医薬品の処方に議論を限定すれば，各国ごとに行われる医薬品の承認審査は政府が主導で行っていることから，その研究・開発を行う製薬企業や医療法人に対し

て，政府のほうがより大きな権力を有していると理解することができよう。日本の場合，他国に比べこの期間が長い[8]ことから，しばしば「ドラッグ・ラグ（Drug lag）」[9]の問題が指摘されている。一方で承認期間が長いことは，より安全性を確保してから市場に投入しているという良い側面も含んでいるため，必ずしも悪いこととはいえない。しかしながら，諸外国に比べ，日本での医薬品の承認期間が長くなると海外の製薬企業が日本での研究・開発あるいは承認申請を避けるようになり，日本の医薬品産業の発展や活性化の妨げとなりうること，あるいは世界的に承認されている医薬品が日本では承認されていないとなると，患者の不利益にも直結する問題となりうることに鑑みれば重要な課題事項であると考えられる。

　「ドラッグ・ラグ」の解消に際し難しい点は，様々な主体の求める利益が複雑に絡み合っていることにある。例として「経済的利益」，医薬品の安全性という「社会的利益（公共の福祉）」，そして新薬の早期使用という「患者利益」が挙げられる（高橋，2011，123頁）。したがって，こうした様々な主体の利害を考慮した上で「ドラッグ・ラグ」の問題を解消するためには，医療法人のみの取り組みでは限界があることは明らかであり，相互に対話を通じた協調体制を築くことが必要であろう。

4　技術革新と医師の個人的利得の追求

　ここまで確認してきたように，医療法人における様々な諸問題を解決していくためには企業や政府との協調が不可欠であり，そのためには，医療法人と他のステイクホルダーとの対話を通じた公正な関係を構築することが求められる。他方で，実際に「医療」を提供するのは医療従事者であること，そして彼（女）らが高度かつ専門的な知識や技術を有していることに起因して，患者に対して非常に大きな権力あるいは影響力を有していることに疑いはないであろう。したがって，医療従事者には他の組織の組織構成員以上に高い個人倫理が求められている。

　近年，情報通信技術をはじめとして様々な分野における技術が著しく進展しており，医療の分野においても例外ではない。前節でも触れたように医療機器

に関しては，企業から医療従事者へその使用法についての十分かつ適切な情報伝達に加え，それを実際に使用する医療従事者の高い技術も求められる。言い換えれば，医療従事者が誤った使用法を行えばそれがときに重大な医療事故へと繋がることも有り得るのである。かかる理解を踏まえ，本節では医療技術の進展とそれを使用する医療従事者の個人倫理との間に生じるジレンマに焦点を当てて議論を展開していく。

4-1　技術革新による外部環境の変化

　前述のように，今日，様々な分野における技術革新が著しく進展している。こうした技術の進展は，我々の生活を豊かにする一方で，組織の外部環境に変化をもたらし，同時に新たな倫理的課題を生じさせることもありうる。とりわけ，第3章でも挙げたように自動車の自動運転技術をはじめとする人工知能を用いた技術は著しく進展しており，今後，医療の分野においてもこうした高度な技術が導入されることも考えられる。

　こうした日々変化する外部環境への対応策として，第3章では「倫理の制度化（倫理制度の確立）」が有効であることを論じると同時に，倫理制度を整えることに終始するのではなく，それを組織構成員の行動レベルにまで浸透させ，倫理的行動を実践することの重要性を主張した。とりわけ，医療法人において倫理制度が果たす役割は他の組織に比して大きいと考えられる。その理由として第一に，医療法人は医療法や政府による規制によって非常に大きな影響を受ける。しかしながら，政府による規制の強化や緩和，あるいは新たな規制の整備・確立には多大な時間と費用が必要であり，日々変化する外部環境に柔軟に対応することは困難である。こうした状況において，医療法人は政府の対応を待って受動的になるのではなく，能動的に倫理制度を見直していくことによって，外部環境に対応していく必要があると考えられるからである。

　第二に，医療従事者が患者に対し，大きな権力を有していることに起因する。前述のように，近年ではインフォームド・コンセントが徐々に浸透してきているものの，「医療」という高い専門性が求められる知識を患者が身に付けることは容易ではない。加えて，医療法人の組織内部においても，医師（あるいは診療科）によって求められる専門的知識や技術が異なることから，個々の

医師（あるいは診療科）の独立性が高くなる傾向にある。こうした状況において，医師が自身の利益を優先した場合，それが患者の生命に直結する医療事故へとなりかねない。だからこそ倫理制度を個々の医師の行動レベルにまで浸透させることが重要となるのである。

4-2　医療技術の二面性と医師の個人倫理

　今日，医療技術の高度化や日本における高齢化の進展に伴い，「医療」に対する量的かつ質的需要がますます増加していることは自明である。しかし，いかに医療技術が進歩しようと，手術や医薬品の服用をはじめとする医療行為には大きなリスク（たとえば，副作用）が伴う。こうした状況において，医師には「患者を救いたい」という使命感，あるいは「失敗があってはならない」といった責任感に加え，患者からの高い期待もあり，こうした「ジレンマ」が医師への圧力となり，ときに医療事故へと繋がることも考えられよう。また，患者の家族からの要望で，リスクの高い手術を試み，結果として患者が死亡するなどの医療事故も起こりうる。

　医療技術は，医療に携わる企業と医療法人との共同研究，または開発によって向上していく一方で，実際にその技術を使用した際に生じた想定外の症例を医療従事者間で共有することによってリスクを最小化していく二面性を有している。このことに鑑みれば，「医療」とは決して完成された技術とはいえず，他の産業とは異なる特殊性を有しているといえる。

　こうしたリスクと表裏一体の技術を用いる医師には，医療法人という組織と同様に「人々の健康の維持・増進」を社会的使命として負っており，高い個人倫理が求められるのである。実際に，医師には専門職従事者として個人の利益よりも社会的利益を優先する専門職倫理が求められている（専門職倫理に関しては第5章：第4節に詳述する）。したがって，医師が経済的利益，あるいは高度な技術を用いて患者を救うことで得られる名誉欲など，個人的利得に基づいて医療行為を行うことは専門職倫理に反する行動となり，結果的に患者を救うことができたとしても倫理的行動とはいえないのである。次項では，「患者の利益」を軽視した結果発生した医療事故の事例に基づき，医療法人における個人倫理の重要性に関して考察していく。

4-3　個人的利得の追求がもたらす影響

　2014年6月，群馬大学医学部附属病院（以下，群大病院と表記）において，2009年以降，同一医師によって腹腔鏡下手術を受けた複数の患者が死亡するという事件が発生した。第三者委員会の報告書に基づけば，高難易度な手術にもかかわらず技術が未熟な医師に執刀させていたことから指導体制や管理体制に問題があった可能性があることなどが指摘されている（群馬大学医学部附属病院医療事故調査委員会報告書 2016, 30頁）。加えて，最も大きな要因として，組織内の競争意識の存在が挙げられる。

　群大病院には，2015年4月に統合するまで，消化器の手術を担当する外科チームが旧第一外科と旧第二外科に分かれており，それぞれが異なる診療体制をとっていた。旧第一外科と旧第二外科では，肝臓手術件数に大きな違いがないにもかかわらず，医師の数を比較してみると，2007年から2014年までの期間において旧第二外科は旧第一外科の3分の1以下の医師数となっていた。したがって，旧第二外科は少人数で手術に対応せざるをえない状況だったのである。さらに，2つの診療科の間には潜在的な競争意識が存在しており，同じ診療分野を担っているにもかかわらず，各診療科で起きた合併症や死亡事例について共同で死亡症例検討会を開催したり，再発防止策が共有されたりすることはなく，個々の診療科内の問題として対応する体制となっていた（群馬大学医学部附属病院医療事故調査委員会報告書 2016, 31-32頁）。

　院内で，同一診療領域を複数の集団が担当すると，限りある資源（人的・物的・財務的）が分散され，それぞれの好みの手技手法で慣習が並存し，標準化されないために患者の安全性が損なわれる可能性があること，また，集団間に無意識のうちに競争意識や対抗意識が生まれ，診療において良好な情報共有や協働関係を築くことができず，その結果，個々の集団ごとの診療の質が低下する可能性あることなど，様々な弊害が生じることとなる。これを防止するために，それぞれの診療科が連携を緊密に行い，起こりうる弊害を最小化にする努力が求められるのである。しかし，群大病院の消化器外科診療においては，同じフロアに患者を収容しながらも，互いに独立した診療体制をとっており，前述のような弊害を長い期間にわたって改善してこなかったことが，本事件の発生要因，そして発覚の遅れに繋がったと考えられる。

　群大病院は特殊な事例ではあるが，こうした組織内における特定の集団間，あるいは個人間での競争意識や対抗意識によって，医療従事者間において重要な役割を担う情報共有が機能しないということは十分に考えられる。だからこそ，組織内において大きな権力を有する医師の個人倫理をいかにして「患者の利益」へと常に方向付けられるかが，医療法人にとって重要な課題であろう。

5　本章のまとめ

　医療法人には，様々な組織に共通する側面と医療法人独自の側面（組織特性）とがある。本章ではとりわけ前者の側面に焦点を当て，医療事故を引き起こす要因となりうる諸課題に関して言及してきた。医療法人も企業と同様に，経営の効率化から生じる組織構成員の過重労働問題，外部ステイクホルダーとの癒着，そして組織構成員の個人倫理に関わる問題などをいかにして解決するのかという課題に直面している。一方で，こうした諸課題を引き起こす要因に目を向けると企業とは異なる点を見出すことができた。

　たとえば，過度な経営の効率化によって生じる組織構成員の過重労働に関していえば，医療法人は法律や様々な制度によって，利益の追求が企業に比して厳格に規制されている。その結果，経営状況の悪化した医療法人が人員を削減することによって，ますます医療従事者たちへの負担を増加させることになるのである。このように，組織構成員の過重労働という問題そのものはあらゆる組織において生じうる問題であるが，その背景にまで目を向けてみると，医療法人の場合，その組織特性である「公共性」を担保するために厳しく規制されていることが要因として考えられる。この意味において，様々な組織に共通する側面とその組織独自の側面とは非常に密接に関連しているということができよう。

　本研究では，組織における倫理制度に焦点を当て，いかにして組織構成員に倫理的行動の実践を促すかを中心に考察している。しかしながら，前述のように，医療法人をめぐる諸問題の背景には，「医療」の有する特殊性に起因して政府，とりわけ厚生労働省や製薬企業をはじめとする他のステイクホルダーが密接に関係している。加えて，医療法人は，専門職従事者として位置付けられ

る医療従事者らに対して，社会的使命としての専門職倫理を示す役割を担う専門職団体も重要なステイクホルダーである（第5章：第4節に詳述）。したがって，こうした諸問題に対して，個々の医療法人だけではその解決に困難を極めるといえよう。かかる理解に鑑み，本研究では，医療法人と外部ステイクホルダーとがいかにして協調し，より広い範囲で求められる経営倫理の実践に関しても考察する必要があると考える（第8章：第3節に詳述）。

　また，本章においても言及した医療法人の組織特性に関して，より精査することが求められる。このことに鑑み，第5章では，医療法人における組織特性として「公共性」と「閉鎖性」とに焦点を当てるとともに，こうした医療法人の組織特性と深く関わる「専門職倫理」の概念とその役割に関して考察を加えることとする。

注：
1　一般社団法人全国公私病院連盟，社団法人日本病院会（2015）「平成26年病院運営実態分析調査の概要」を参照（https://www.hospital.or.jp/pdf/06_20150311_01.pdf，最終アクセス日：2016年9月24日）。
2　出生数に関しては，厚生労働省「平成29年（2017）人口動態統計の年間推移」2017年を参照している（https://www.mhlw.go.jp/toukei/saikin/hw/jinkou/suikei17/dl/2017suikei.pdf，最終アクセス日：2018年9月14日）。産婦人科の医師数に関しては，日本産婦人科医会「産婦人科医師減少に転じる―産婦人科医師の動向―」2017年を参照（http://www.jaog.or.jp/wp/wp-content/uploads/2017/01/102_161012.pdf，最終アクセス日：2018年9月14日）。
3　厚生労働省の調査によれば，医師1,000人当たりの医療訴訟件数は産婦人科が最も多く，次いで整形・形成外科となっている。詳しくは，厚生労働省「社会保障審議会医療部会資料」2008年を参照されたい（https://www.mhlw.go.jp/stf/shingi/2r9852000000w95c-att/2r9852000000w9ok.pdf，最終アクセス日：2018年8月3日）。
4　インフォームド・コンセントとは，手術などの医療行為の際，医療従事者が病状や治療方針を患者にわかりやすく説明し，同意を得ることである。
5　セカンド・オピニオンとは，現在診療を受けている担当医とは異なる医師や医療機関に意見を求めることである。
6　医療用医薬品製造販売業公正取引協議会は，公正取引委員会によって認定を受けた「医療用医薬品製造販売業公正競争規約」の運用機関として1984年に設立された業界の自主規制を行う団体を指す。
7　具体的には，接待費の上限を設け，ゴルフやカラオケなど娯楽を目的としたものは禁止するものである。また，違反の繰り返し，あるいは悪質な接待を行った場合は社名や内容の公表，違約金や除名などの処分をするなど厳しく改めた。詳しくは，医療用医薬品製造販売業公正取引協議会「公取協ガイド」を参照されたい（http://www.iyakuhin-koutorikyo.org/index.php?action_download=true&kiji_type=1&file_type=2&file_id=1705，最終アクセス日：2018年8月16日）。
8　高橋（2011）によれば，欧米諸国における医薬品が承認されるまでの期間が1年から2年であることに対し，日本は平均2倍から3倍長く，またその期間が年々長期してきていることが指摘され

ている（高橋 2011, 122–123 頁）。

9　「ドラッグ・ラグ」とは，海外で承認されている医薬品が，日本において承認されるまでの時間
　　差のことを指す（高橋 2011, 123 頁）。

第5章

医療法人の組織特性と専門職倫理

1 はじめに

　第4章では，医療法人を取り巻く諸問題に関して経営の効率化がもたらす過重労働問題，外部ステイクホルダーとの諸関係，ならびに医師の個人倫理をめぐる問題の3点から整理をしてきた。こうした諸問題は，医療法人における重大な組織不祥事，すなわち医療事故を引き起こす要因にもなりうる。さらにこれら諸問題は医療法人に限らず，あらゆる組織に共通する課題事項である。

　近年，医療技術の高度化や高齢化の加速に伴い「医療」に対する質的かつ量的需要はますます増加していることは自明である。しかし，いかに医療技術が進歩しようと，手術や医薬品の服用をはじめとする医療行為には大きなリスク（たとえば，副作用）が伴う。本章では，他の組織にはない性質を有する「医療法人の組織特性」をまず確認する。加えて，医療法人の組織特性と深く関連するものとして挙げられる医療従事者の専門職倫理に焦点を当て，議論を展開していくこととする。医療法人における組織構成員は，彼（女）らが倫理的課題に直面した際，個人倫理，組織倫理に加え専門職倫理からも影響を受けることになる。かかる理解を踏まえれば，医療法人はその社会的使命の重要性によって，非常に高い次元での倫理的行動の実践が求められる一方で，そこで活動をする医療従事者は，属性の異なる3つの倫理から行動を規定されることによって，その関係は複雑になっているといえよう。だからこそ，こうした3つの倫理をいかにして統合していくのかが重要な視点であろう。

　医療技術に限らず，今日，様々な分野における技術革新が著しく進展してい

る。こうした環境の変化に際して，多様な組織における技術の専門性がますます高まると予想される。このような高度かつ専門的な技術を扱う人間を「専門職従事者」と位置付けるとすれば，専門職倫理をいかにして組織構成員に帰属する他の倫理（個人倫理と組織倫理）と統合していくのかという視点は，医療法人をはじめとする特定の組織にのみ関係する課題とはいえないのではないだろうか。

　かかる理解に鑑み，本章では医療法人の組織特性を整理することに加え，専門職倫理とはどのような概念なのか，そして医療法人においてこれがどのような影響を与えるのかを考察していく。

2　非営利性と公共性

　第4章：第2節で確認したように，日本の医療法人は医療法によって営利追求を厳格に規制されている。したがって，「非営利性」は日本の医療法人のひとつの特徴であると考えられる。しかしながら，学校法人や宗教法人など，収益の獲得を主たる目的と位置付けていない組織は数多く存在している。このことに鑑みれば，「非営利性」を医療法人の特徴として挙げることはできるものの，これを独自の組織特性として挙げることは難しいと思われる。

　一方で，日本では後述する公定薬価制度の採用や株式会社による参入の規制など，「非営利性」をより顕著に表す仕組みが取り入れられている。この背景には，医療法人の社会的使命である人々の健康の維持・増進を遂行する過程において，非常に高い「公共性」が求められるからであるといえよう。かかる理解を踏まえれば，医療法人の組織特性として，「非営利性」よりもむしろ「公共性」を挙げるほうがより適切であると考える。したがって，本節では，前述の公定薬価制度と株式会社の参入規制を取り上げ，医療法人の第一の組織特性である「公共性」について論じていくこととする。

2-1　日本とアメリカにおける薬価制度の相違
　日本の医療法人は，患者に医薬品（とりわけ，医療用医薬品）を提供する際，その価格決定権を有していない。医療用医薬品の価格は「薬価」と呼ばれ

ており，これは厚生労働省が製薬企業からの資料をもとに決定する（公定薬価制度）。したがって，すべての医療法人が，同様の価格で医薬品を患者に提供するのである。

　他方，アメリカの医療法人は，自由薬価制度を採用しており，製薬企業が市場原理に基づいて医薬品の価格を設定することができる。さらに，保険適用の有無は病院および保険会社との交渉により決定することができ，保険適用外の医薬品も広く受け入れられている（鈴木 2017b, 81 頁）。したがって，日本とは異なり，製薬企業が大きな権限を有していると理解することができ，こうした医薬品の中にはジェネリック医薬品（後発医薬品）[1] も含まれることから，薬価の決定権に付随して極めて大きな倫理的責任も問われるのである。

　アメリカにおいて，社会に大きなインパクトを与えた薬価をめぐる事件としては，2015 年に起きたチューリング医薬品（Turing Pharmaceuticals）の事例が挙げられる。チューリング医薬品は，これまですでに特許の切れた医薬品の製造権を買い取り，本来医薬品の製造に必要とされる膨大な研究開発費をかけることなく，医薬品を販売するという経営手法をとっていた。もちろんこの経営手法そのものに問題はなく，自由薬価制度を採用しているアメリカにおいては，医薬品の価格を高くすることも違法にはならない。しかし同社は，2015 年 8 月に HIV の治療薬である「ダラプリム」の製造権を買い取ると，一晩で 13.50 ドル（約 1,620 円）から 750 ドル（約 90,000 円）と 55 倍以上にも引き上げ，社会から大きな批判を浴びたのである（『日本経済新聞』2016 年 3 月 1 日夕刊）。

　こうした不正行為を未然に防止することができ，患者への公平性を保障する意味において，公定薬価制度は有効であるといえよう。しかし，日本の医療法人は売価設定の自由度を有していないことから，経営危機に瀕した際，薬価の上昇によって経営状態を回復させることを試みることができない。その結果，経営能力の低い医療法人にとっては，第 4 章：第 2 節で論じたように人件費の削減によって，医療従事者への過重労働がますます悪化する問題を引き起こすことに繋がりかねないのである。

2-2　株式会社の参入規制と株式会社病院をめぐる議論

　前述のように，これまで日本では医療法人の非営利性を担保するために，株式会社による病院経営は認められていなかった。しかし，2004年から構造改革特別法第18条に基づき，構造改革特別区域において「自由診療（全額自己負担）」で「高度な医療」を提供する場合に限り，株式会社による病院の開設が認められた。こうした医療法人経営への株式会社の参入は，「資金確保のための選択肢の拡大」，「民間企業の買い取りによる後継者問題の解消」，「医療従事者が質の高い医療の提供に専念できるための必要な設備と施設の確保」といった様々なメリットをもたらすとされている（名島 2010, 51-54頁）。このように近年では，正式に「株式会社の医療への参入」が認められるようになったものの，現実には「構造特区において，自由診療で高度な医療の提供を目的とする医療機関を開設する場合に限る」という条件が付されているため，2017年時点で実現しているのはわずか1件（かながわバイオ医療産業特区）のみとなっている[2]。

　こうした株式会社による病院経営への参入が進展しない背景には，前述した条件の厳しさに加え，以下のような株式会社の参入に反対する意見があったからである。すなわち，医療における営利組織の参入は社会保障に対する哲学に関する根本問題であること，利潤追求第一の株式会社の参入は医療の基本理念を逸脱すること，株式会社の参入を認めれば不採算部門切り捨てにより地域医療が混乱することなど[3]が挙げられる（長坂 2010, 49頁）。確かに，「医療」とは，人々の生活の根底にある「健康」を支え，ときに患者の生死に関わる極めて重要な行為である。この中に「営利性」を追求する株式会社が参入することは，患者にとって医療行為を受ける際の選択肢が増えるように思われるが，すべての国民が「平等」に適切な医療行為を受けることができるという点を阻害する危険性も有している。

　一方で，長坂（2010）は，株式会社の病院経営への参入に関して，「哲学や倫理学，あるいは神学的な論争の色彩が強く，現行制度維持に固執するあまり，社会的な適正資源配分が損なわれていないか」と指摘している（長坂 2010, 50頁）。長坂（2010）が指摘するように，過剰診療や不採算部門の切り捨てといった問題は，現行の制度でも起こりうることであり，必ずしも株式会

社の参入がこの問題を引き起こすとはいえないし，株式会社であっても，すでに企業の社会的責任や社会的課題の解決に取り組む企業が注目を集めている。また，第4章：第4節でも述べたように，近年では，様々な分野での技術革新が著しく進展しており，今後，医療法人を取り巻く外部環境も大きく変化していくことが予想される。このことに鑑みれば，医療法人のあり方をめぐってさらなる議論が必要であると考えられる。

2-3　公共的な組織としての医療法人

　第4章でも述べたように，近年では営利追求よりも社会的課題の解決に主眼を置いた社会的企業や社会的起業家といった企業への関心も高まっている。また，Porter（2011）は自社のビジネスと社会的課題の解決を統合するCSV（Creating Shared Value：共通価値の創造）の重要性を主張している。他方，前節でも述べたように，株式会社による病院経営への参入も盛んに議論されるようになってきていることから，従来のように「企業は『営利組織』，医療法人は『非営利組織』」といった明確な分類ができなくなってきているといえよう。

　しかしながら，医療行為の特殊性に鑑みれば，いかに株式会社による病院経営への参入が進展したとしても，その「公共性」は保障されなければならない。かかることを踏まえれば，医療法人の組織特性は，非営利性というよりもむしろ，その提供するサービスの有する「社会的意義」を包括した「公共性」であると理解するほうが適切であると考える。

　組織は，自身のみでは存続していくことができず，組織が社会の中で持続的に経営をしていくためには，他の組織との協調が不可欠である。医療法人もまた例外ではなく，むしろ高い「公共性」が求められ，同時に期待される社会的意義に鑑みれば，より他の組織との協調も有する意義は大きいように思われる。一方で，後述する医療法人の第二の組織特性である「閉鎖性」がこれを阻む要因となっている。かかる理解に鑑み，次節では医療法人の第二の組織特性である「閉鎖性」に焦点を当てて議論を展開していく。

3　「二重の閉鎖性」と「情報の非対称性」問題

　医療法人の第二の組織特性として「閉鎖性」が挙げられる。周知の通り，医療法人は医師や看護師など，高度かつ専門的な知識を有する人々（専門職従事者）によって構成されている。したがって，医療法人はその専門性の高さに起因して，組織外部から隔絶される閉鎖的な組織であるといえよう。さらに，医師，看護師，そして薬剤師など，同じ「医療」に関わる職種であったとしても，求められる専門的知識は異なる。このことに鑑みれば，医療法人には，組織外部との閉鎖性のみならず，組織内部にも閉鎖性が存在していることを指摘することができよう。かかる理解を踏まえ，本節では医療法人を中心として，その内外に存在する閉鎖性を明らかにし，こうした閉鎖性がもたらす問題として「情報の非対称性」を中心に議論を展開していくこととする。

3-1　外部との閉鎖性

　医療法人は，その専門性の高さに起因して，組織の外部との間に閉鎖性が生じていると考えられる。その最も顕著な例が医療従事者と患者との関係であろう。医療法人は，医師，看護師，薬剤師など，非常に高度かつ専門的な知識や技術を有する人々によって構成されている。こうした専門性の高さが，医療法人と患者との間に閉鎖性を生じさせる。さらに言えば，一般的に患者である消費者は，医療に関する専門的知識に乏しいため，医療従事者と患者との間に，後述する「情報の非対称性」といった問題を生じさせるのである。

　医療法人と外部との閉鎖性は，医療従事者と患者との間だけの問題ではない。第3章で取り上げた「医療事故調査制度」の例を再度取り上げてみると，この制度では「医療事故」の定義そのものが曖昧であるが故に，医療事故に該当するか否かの判断が完全に医療法人に委ねられていた。その結果，想定された医療事故件数と同制度に基づいて報告された医療事故件数との間に大きな乖離が生じたように，医療法人の実態が不透明となり，社会との間に閉鎖性が生じているといえよう。

　手術や医薬品の服用には常にリスクが伴い，このことから，「医療」は必ず

しも完全なものではないといえる。だからこそ，予期せぬ医療事故や医薬品の副作用に関する情報を発信することは，同様の組織不祥事を防止することに繋がる。医療法人にとって，社会からの信頼は非常に重要である。言うまでもなく，ここでいう信頼には「安全」であることも含まれるが，前述のように「医療」に関するリスクを社会に発信し，医療法人と社会との間に生じる閉鎖性を少しでも緩和させることもまた，医療法人にとって重要な社会的責任であろう。

3-2　内部の閉鎖性

　日本の大企業の多くは，従業員の長期的勤続を前提とした伝統的な終身雇用制度のもと，企業内においてジョブ・ローテーションを行う。その結果，従業員が様々な部門における知識や技術を習得することにより，企業は部門ごとの局所最適化を避け，組織としての全体最適化を図ることができるようになるのである（山下 2005, 124 頁）。

　一方，医療法人は，高い専門的知識や技術を有する人々によって，それぞれの診療科（部門）が構成されているが故に，ジョブ・ローテーションを行うことが困難，あるいは狭い範囲でのジョブ・ローテーションになってしまう。そのため，各部門の独立性が高まり，局所最適化に陥りやすいと考えられる。

　こうした従来の伝統的な日本型雇用慣行における企業と医療法人との相違はそもそも「人材育成」の目的という点で異なる。すなわち，企業は様々なノウハウを有する「ゼネラリスト（generalist）」の育成を目的としている。これに対して，医療法人は医師，薬剤師，看護師など，同じ「医療」にかかわるとはいえ異なった専門的知識や技術を有する専門職従事者（professional）によって構成されている。加えて，同じ医師という専門職従事者であっても，それぞれの専門領域に特化した「スペシャリスト（specialist）」が存在しており，こうした「スペシャリスト」を育成することが医療法人における人材育成のひとつの目的なのである。しかしながら，こうした「スペシャリスト」たちによって構成される医療法人は，組織内部の閉鎖性が強くなり，これがときに重大な医療事故へと繋がる要因にもなりうる。したがって，医療法人において，部門を越えたコミュニケーションは不可欠であり，いかにして組織内部の閉鎖性を

解消させるのかが重要な課題として挙げられよう。

3-3 「情報の非対称性」がもたらす問題

　「情報の非対称性」は，自動車，家電，食品など様々な領域における売り手と買い手との間に生じる情報量の差である。こうした「情報の非対称性」を悪質に利用した例として食品の産地偽装や消費期限の改竄などが挙げられる。

　言うまでもなく，医療法人と患者との間にも「情報の非対称性」は生じる。しかし，医療法人には，他の産業とは異なる大きな相違がある。例えば，家電量販店の場合，売り手と買い手との間に「情報の非対称性」が生じていたとしても，買い手である消費者は，売り手からの情報を基に最終的にその製品を購入するかどうかの意思決定を行うことができる。一方，医薬品，とりわけ医療用医薬品（医師の処方箋を必要とする医薬品）は，製品である医薬品を服用する患者ではなく，医師が専門的知識を活かして患者の代わりに購入する製品を決定するという特殊性を有しており，これは他の産業にはない唯一の組織特性である。したがって，医薬品は，製品を開発し，製造する生産者（製薬企業）と，製品を使用または消費する消費者（患者）という二者の間に，製品を選定する医師が存在することから，患者にとっての消費財と，企業にとっての生産財との両方の側面を有しているのである。一般的に患者は医薬品に関する専門的な知識が乏しいことから，医薬品を処方される際に，その意思決定を完全に医師に依存する傾向がある。そのため，医師は非常に大きな権限と同時に責任も有していると考えられる。

　近年では，患者の権利向上，インフォームド・コンセントなどの流れがあり「情報の非対称性」問題は従来に比して緩和されてきたように思われる。しかし未だに「医療従事者に本音が言えない患者」と「患者の気持ちが汲み取れない医療従事者」という「すれ違い」の構図が存在しているのも事実である。実際に，本章：4-3でも指摘するように，医師と患者とのコミュニケーションが不十分な状態で手術を行い，重大な医療事故にまで発展する事例も存在している。「情報の非対称性」は，それ自体を解消することは難しい。重要なことは情報優位の者がそれを悪用し，情報劣位の者を欺くなど，非倫理的行動をいかにして防止するかである。

　前述のように，医師をはじめとする医療従事者は，患者に対して非常に大き
な権限と責任を有している。だからこそ，医師（医療従事者）としての高い倫
理観が求められるのである。医療従事者に限らず，こうした専門的知識や技術
を有する者には，組織倫理や個人倫理とは異なる専門職倫理が必要とされる。
以下では，医療法人における専門職倫理に焦点を当て，その意義と課題に関し
て考察していく。

4　医療法人における専門職倫理の意義と課題

　ここまで確認してきたように，医療法人は非営利性と閉鎖性という点におい
て，他の組織と異なった特性を有している。医療法人は，社会的使命を遂行す
ることが組織としての存在意義であるが，持続的にその使命を果たすために，
一定の収益も確保しなければならない。したがって，経済的責任と社会的責任
との調和を図らなければならない点において，他の組織以上に倫理的課題に直
面する機会は多いと考えられる。

　加えて，組織のみならず医療従事者個人も同様のことがいえる。前述のよう
に，医療法人の組織特性として挙げられる「二重の閉鎖性」，とりわけ組織外
部との閉鎖性は，患者との間に「情報の非対称性」を生じさせる。言い換えれ
ば，医療従事者は，患者に対して大きな権限と責任とを有しているのである。
こうした大きな権限と責任とを有する医療従事者が倫理的課題に直面した際，
彼（女）らが個人的利得の追求や，あるいは機会主義的行動によって，非倫理
的行動へと陥ることを防止するための役割を果たすのが，専門職倫理であろ
う。

　かかる前提に鑑み，本節では医療法人における専門職倫理に焦点を当て，そ
もそも「専門職」とは何か，その概念をまず確認する。加えて，日本医師会を
はじめとする専門職団体がどのような役割を担うのか，そしてその課題とは何
かを考察することを目的とする。

4-1　専門職の定義と専門職団体の役割

　専門職の概念は，イギリスやアメリカにおいて形成された profession の概

念を前提としている（山口 2005, 176 頁）。Barber（1965）は，専門職従事者の行動を規定する要素として，「一般的・体系的な高度な知識，個人の自己利益より社会的利益の優先，倫理綱領による行動の自己規制，業績を示す金銭や名誉による報償」を挙げている（Barber 1965, pp. 5-20）。また，中村（1975）は，「専門家職業（profession）とは，高度な科学的素養と科学を基礎として確立された専門技術とを体得しているとともに，高邁な倫理的道徳観とそれに基づいて確立された厳格な実践規範を身につけた人々を指す」と述べている（中村 1975, 167 頁）。このように，専門職の定義は論者によって様々であるが，共通する要件として，①一般的・体系的である高度な専門的知識とそれを実践する技術を体得していること，ならびに②個人の利益ではなく社会的利益を指向する厳格な規範の存在である。

　専門職従事者は，当該職務の遂行にあたり，一般的に不可侵とされる領域への侵入を可能とする権利（例外的特殊権限）[4] を有する。例外的特殊権限は，必然的に権威（authority）と影響力（influence）を付随するため，これらを正当化（justify）するための根拠を必要とする。したがって，専門職従事者は科学や技術などの高度な専門性と，行為を正当化しうる厳格な専門職倫理を体得し，社会的利益のために活動するために社会から信頼されることが求められるのである（山口 2005, 179 頁）。このことに鑑みれば，専門職従事者の個人倫理は，組織倫理のみならず専門職倫理からも影響を受けることになり，自身の行動はより厳格に規定されているといえよう。

　こうした専門職を規定する要件を遵守・維持，そして推進するために様々な専門職において，組織の枠を越えた専門職団体（professional association）が存在している。専門職団体は，外部に対してはその専門職の存在・承認を求める主張，さらに社会的地位の維持を図る手段を有すると同時に，内部に対しては専門職従事者への教育・資格付与，そして社会的使命の自覚とその目的達成のための自己訓練を促し，専門職としての意思決定・行為に一定の規律を加え，場合によっては懲戒を加えるものである（山口 2005, 178 頁）。

　たとえば，日本医師会は医師の専門職倫理として「医の倫理綱領」を掲げている。その内容は，①医師は生涯学習の精神を保ち，常に医学の知識と技術の習得に努めるとともに，その進歩・発展に尽くす，②医師は職業の尊厳と責任

を自覚し，教養を深め，人格を高めるように心掛ける，③医師は医療を受ける人々の人格を尊重し，優しい心で接するとともに，医療内容についてよく説明し，信頼を得るように努める，④医師は互いに尊敬し，医療関係者と協力して医療に尽くす，⑤医師は医療の公共性を重んじ，医療を通じて社会の発展に尽くすとともに，法規範の遵守および法秩序の形成に努める，⑥医師は医療にあたって営利を目的としないことを挙げている[5]。

このように専門職団体は，組織という枠組みを越えて業界単位で行動指針を明示することは，個々の医療従事者が倫理的課題に直面した際に非倫理的行動へと陥ることを防止する役割を担う。この意味において専門職団体の果たす役割は重要であるといえよう。しかし，現実には，医療事故の発生が社会から注目を集めることは決して少なくない。こうした医療事故において，専門職倫理は医療従事者に対し，どのような影響を与えていたのだろうか。次項では，医療事故の事例から，このことに関して考察していくこととする。

4-2 医療事故の事例からみた個人倫理，組織倫理および専門職倫理の関係

千葉県がんセンターでは，2008年から2014年の期間，腹腔鏡下手術を受けた複数の患者が死亡したという事故が発生した。一連の問題では，50～80代の男女11人が手術当日から約9ヶ月後の期間に死亡した。千葉県の第三者委員会は，対象となる11例のうち，約10例で手術方法の選択，あるいは手術中の対応など診療上の問題があったとする報告書を発表した。残る1例にも手術前の手続きに不備があった。報告書によると，2013年1月に胆管がんの手術を受け，3ヶ月後に死亡した男性（当時74歳）に関して「難度の高い手術を腹腔鏡で行った判断は問題」としている。また，他に少なくとも2例において「腹腔鏡で手術を行うか慎重に検討すべきであった」などと指摘している（千葉県がんセンター腹腔鏡下手術に係わる第三者検証委員会 2015, 5-10頁）。

第三者委員による報告書に基づけば，同センターにおける医療事故は，高難度な手術を行うに際して，それを安全かつ適正に実施するための体制，および医療従事者の意識が不十分であったことが主たる要因であると指摘されている。たとえば，同センターでは，倫理審査委員会を設置しており，センター内で倫理的課題が発生した際には，倫理審査委員会で話し合うことが義務付けら

れていた。しかし，今回の例では，保険適用のない高難度な手術であったにもかかわらず，倫理審査委員会への事前申請はなかった点が問題であったと指摘される（千葉県がんセンター腹腔鏡下手術に係わる第三者検証委員会 2015, 11頁）。さらに，こうした制度が機能しなかった背景には，倫理審査委員の構成に問題があったと考えられる。同センターでは，倫理審査委員会に関して「外部委員を複数名置き，その半数以上は，人文・社会科学面の有識者又は一般の立場とする」と規定されていた（千葉県がんセンター腹腔鏡下手術に係わる第三者検証委員会 2015, 11頁）。これにより，医師や看護師といった専門職従事者に傾斜した考えを防止することが期待される。しかしながら，実態はこの規定が遵守されておらず，その結果，制度の形骸化を引き起こす要因となったと考えられる。

　また，第三者委員会は，手術の方法については「いずれも問題はない」と評価しているが，手術を担当した医師について「必ずしも十分な経験ではなかった可能性がある」また「高難度手術の担当医師として，経験が不足していたと思われる」と指摘している（千葉県がんセンター腹腔鏡下手術に係わる第三者検証委員会 2015, 5-10頁）。加えて，第三者委員会が実施したヒアリング調査によれば，腹腔鏡下手術に関して「リスクについて説明されていない」，「聞いた記憶がない」に加え，「手術の方法が腹腔鏡であると知らなかった」などの発言が患者の家族から挙げられた（千葉県がんセンター腹腔鏡下手術に係わる第三者検証委員会 2015, 29頁）。このように，手術の方法が適切であったとしても，それを実施するに際して，患者やその家族に正しい説明を行い，同意を得ることが医療従事者には求められており，こうした説明責任は，誰が手術を担当するのか，あるいはどのような方法で手術を実施するのかといった専門的な知識や技術と同様に重要視されなければならないであろう。

　第三者委員会の報告書に基づき，千葉県がんセンターの事例の発生要因を分析してみると，「専門職倫理」あるいは「医の倫理」といった語句はあまりみられず，その主な発生要因は，組織における制度の運用体制，あるいは個々の医療従事者の意識の低さといった組織倫理，個人倫理に関わることであると指摘されていた。前述のように，専門職従事者は高度な知識や技術を有しており，重要な社会的使命を担っている。だからこそ，そうした知識や技術を扱う

上で，特殊な倫理観（専門職倫理）が求められるのである。しかしながら，実際の医療事故の事例を考察してみると，こうした専門職倫理が，どこまで医療従事者の行動に影響を与えているのか疑問をもたざるをえない。このことに鑑み，次項では，専門職倫理の課題を考察するとともに，この課題を是正するために専門職団体にはどのようなことが求められるのか，その役割を再考していくこととする。

4-3　専門職倫理の課題と専門職団体の役割の再考

　専門職従事者によって構成される組織にとって，いかに組織倫理，あるいは組織構成員の個人倫理が健全であったとしても，彼（女）らが倫理的課題に直面した際，組織倫理や個人倫理だけでは対応することのできないこともある。こうした特殊な状況において，彼（女）らがどのように行動するべきかという指針を示す点において専門職倫理の意義は大きいといえよう。しかし，千葉県がんセンターの事例をみてみると，その主な発生要因として挙げられるのは組織倫理や個人倫理に関することである。また，第4章：4-3で取り上げた群大病院における医療事故においても，前述した院内に同一診療領域を担当する集団が複数あることによる競争意識が引き起こしたコミュニケーションの不足に加え，手術管理体制，麻酔管理体制，医療安全体制，あるいは倫理審査体制など制度の機能不全が主に指摘されている（群馬大学医学部附属病院医療事故調査委員会報告書 2016, 8-14 頁）。さらに，同調査委員会の構成員をみてみると，日本医師会など専門職団体は関与していない（群馬大学医学部附属病院医療事故調査委員会報告書 2016, 79 頁）。もちろん，外部の医療従事者，弁護士，あるいは有識者などが関与していることから，「医療」の分野に傾斜した思考を緩和することはできるものの，改めて専門職倫理の重要性および専門職団体の役割を再考する必要があろう。

　日本医師会は，前述した「医の倫理綱領」によって，医療従事者に専門職従事者としての指針を示している。さらに「医師の職業倫理指針」を発行することにより，セカンド・オピニオンやインフォームド・コンセントの推進，あるいは他の医療関係者との連携などの重要性を主張している[6]。同様に，医師のみならず看護師[7]や薬剤師[8]など他の専門職団体も個々の専門職倫理を踏まえ

た指針を示している。繰り返しにはなるが，こうした指針を示すことが有意
義であることは議論するまでもないであろう。重要なことは，こうした制度が
個々の医療法人さらには医療従事者の行動にまで浸透しているかである。

　医療とは必ずしも完成された技術ではなく，医療行為の結果が，意に反して
患者への不利益となってしまうこともある。さらに言えば，こうした医療法人
における「患者の不利益」とは生死に関わる極めて重要な問題なのである。日
本医師会は，違法行為や非倫理的行動を行った医師に対して罰則規定を設けて
いる。しかしながら，医師が患者に与える影響に鑑みれば，こうした事後的対
応のみならず，医療事故を未然に防止するためのより具体的な倫理制度を確立
する必要があろう。また，文化的要因に基づく国や地域ごとの価値観の多様
化，あるいは，グローバル化や情報通信技術の進展に伴う価値観の変化によっ
て，医療従事者に求められる専門職倫理はますます複雑化している。このこと
からも，専門職団体が個々の医療法人と同等の制度を確立し，組織倫理や個人
倫理の欠如に基づく非倫理的行動を牽制・防止する役割を担う必要があろう。
そのためには，日本医師会や日本看護協会などの専門職団体と個々の医療法人
との対話が不可欠であり，同時に継続的な教育が求められると考える。

5　本章のまとめ

　本章では，医療法人の組織特性に焦点を当て議論を展開してきた。医療法人
は，医療法により「営利追求を主たる目的としてはならない」と定められてい
ることから，その第一の組織特性は「非営利性」であるといえる。加えて，日
本では，公定薬価制度を採用していることから，この「非営利性」がより高い
ということができよう。

　医療法人の第二の組織特性は，多様な専門職従事者によって構成されている
ことに起因して生じる「閉鎖性」である。とりわけ，医療法人は組織外部との
関係（医療従事者と患者）における「閉鎖性」のみならず，求められる専門的
知識や技術が異なる専門職従事者によって構成されていることから，組織内部
においても職種間や部門間に「閉鎖性」が生じている。したがって，「二重の
閉鎖性」を有しているという点において特殊な組織といえよう。

　こうした医療法人の組織特性は，ときに医療事故を発生させる要因ともなり
うる。たとえば，非営利組織であったとしても，持続的な経営を行うために利
益の確保は重要である。しかし，過度な合理化を図れば，医療従事者への負担
が増大し，医療従事者の注意力が低下することによって医療事故が発生するリ
スクも高まる。また，医療行為は完全な技術ではないが故に常に大きなリスク
を伴う。したがって，組織内におけるコミュニケーションと同時に，組織外部
（医師と患者）とのコミュニケーションによって，「二重の閉鎖性」を解消する
ことは重要な課題である。

　加えて，医療従事者には個人倫理と組織倫理に加えて専門職倫理が求められ
ることを指摘した。専門職倫理は，医師や看護師をはじめとする医療従事者の
みならず，会計士や弁護士などにもその職業に関する特性を踏まえた専門職
倫理が求められる。しかし，人間の生命に直接関わる分野であり，加えて医療
行為の特殊性に鑑みれば，より高い次元での倫理的責任の履行が求められると
考えることができる。しかしながら，本章において取り上げた千葉県がんセン
ターにおける医療事故の発生要因をみてみると，専門職倫理が個々の医療法
人，あるいは医療従事者の行動にどこまで影響を与えているのか疑問をもたざ
るをえず，ここに専門職倫理の課題が見出された。本章では，個別の医療事故
の事例を取り上げ，その発生要因から医療法人における実践上の諸問題を考察
してきたが，第6章では「医療事故」全体に焦点を当て，これがどのような発
生要因に基づいて生じているのか分類するとともに，医療法人における経営倫
理研究の課題を「実践」の側面から剔抉することを試みる。

注：
1　ジェネリック医薬品とは，特許の切れた医薬品を他の製薬企業が，同様の有効成分で製造・供給
　する医薬品を意味する。新薬と異なり，研究・開発費を大幅に抑えることができるため，その分薬
　価も安く設定することができる。
2　内閣府地方創生推進事務局「平成29年度に評価対象となる規制の特例措置（医療・福祉・産業
　部会）」2018年3月8日を参照（https://www.kantei.go.jp/jp/singi/tiiki/kouzou2/hyouka/chousa
　/iryoubukai58/siryou.pdf，最終アクセス日：2018年9月14日）。
3　他にも，株式会社の病院経営への参入に対する反対意見として，「実証研究によって，アメリカ
　における営利病院と非営利病院とを比較しても，両者の間に医療の質の差が存在しているとは言え
　ない」（遠藤 2005, 4-21頁）あるいは「医療には，医療法における非営利原則・公共性の保持が不
　可欠である。したがって，この原則の否定に繋がる株式会社による病院経営への参入は反対である」
　（二木 2005, 131-137頁）といった主張もある。

4　たとえば，医師による人体の切開行為，薬剤師による危険薬物の取り扱いなどである。

5　日本医師会 HP「医の倫理綱領」を参照（http://dl.med.or.jp/dl-med/doctor/rinri2000.pdf，最終アクセス日：2018 年 5 月 18 日）。

6　詳しくは，日本医師会「医師の職業倫理指針［第 3 版］」2016 年 10 月を参照されたい（http://dl.med.or.jp/dl-med/teireikaiken/20161012.2.pdf，最終アクセス日：2018 年 7 月 10 日）。

7　日本看護協会「看護者の倫理綱領」（https://www.nurse.or.jp/home/publication/pdf/rinri/code_of_ethics.pdf，最終アクセス日：2018 年 7 月 10 日）。

8　日本薬剤師会「薬剤師倫理規定」（http://www.nichiyaku.or.jp/assets/pdf/FIP2014-Ethics-J.pdf，最終アクセス日：2018 年 7 月 10 日）。

第 6 章

医療事故の事例とその発生要因

1　はじめに

　ここまで，医療法人を取り巻く諸問題に関して，様々な組織に共通する側面と医療法人独自の側面（組織特性）とに分けて論じてきた。いずれの側面も医療法人における経営倫理の実践を論じる上で重要であろう。第Ⅰ部において論じたように，経営倫理研究は組織不祥事の発生とともに展開されてきた。近年では，医療技術の高度化や高齢化の加速に伴い「医療」に対する質的かつ量的需要はますます増加していると同時に，医療法人における組織不祥事，とりわけ医療事故への関心も高まっていると理解することができよう。

　前述のように，医療とは必ずしも完成された技術ではなく，いかに医療技術が進歩しようと，手術や医薬品の服用をはじめとする医療行為には大きなリスク（たとえば，副作用）が伴う。一方で，医療従事者には「失敗があってはならない」といった使命感，あるいは患者やその家族からの「治してもらえる」という高い期待もあり，こうした「ジレンマ」が医療従事者への圧力となり，ときに医療事故へと繋がることも考えられよう。したがって，こうした「ジレンマ」をいかにして克服し，医療事故を未然に防止することができるかということが，医療法人における重要な課題事項であろう。

　一方で，医療行為はその特殊性ゆえに，医療事故の発生する可能性を完全に排除することはできない。しかしながら，医療従事者の倫理的行動が，医療事故の未然防止に繋がるとともに，患者やその家族に対し，医療行為のリスクを十分に説明することは，医療法人の信頼構築にも繋がると考えられる。この意

味において，医療法人において経営倫理を実践することは喫緊の課題であるといえよう。

かかる理解に鑑み，本章ではまず，日本医療機能評価機構の調査に基づき，医療事故の発生件数の推移とその程度について確認する。加えて，医療事故の発生要因を個人レベルと組織レベルとに分類するとともに，医療事故の発生に関して，医療法人の組織特性がどの程度影響を与えているのかを考察することによって，医療法人を対象とした経営倫理研究の課題を「実践」の側面から剔抉することを試みる。

2　医療事故の発生件数の推移とその発生要因

医療法人における組織不祥事といっても，その内容は様々である。たとえば，第4章で述べたように医療従事者の過重労働や外部ステイクホルダーとの癒着などが挙げられる。本研究では，医療法人における経営倫理の実践に関して，とりわけ医療事故を防止すること念頭に議論を展開している。その理由は，第一に医療事故が，患者の生死に直接的に関わる重大な組織不祥事であるからである。また，第二に，医療従事者の過重労働や外部ステイクホルダーとの癒着などの問題が医療事故を発生させるひとつの要因にも繋がりかねないからである。

かかる理解を踏まえ，本節ではまず医療事故の概念を規定する。加えて，医療事故の発生要因が近年どのように推移しているのか，そしてその主な発生要因に焦点を当てていく。

2-1　医療事故と医療過誤

「医療事故」の概念は，厳密には「医療過誤」とは異なる。「医療過誤」とは「医療行為（問診・検査などによる診断行為，投薬・手術などの治療行為）上のミスによって，患者に何らかの障害を与えること」であり，これに対して「医療事故」とは「医療行為実施の過程での，ヒューマン・エラーに基づくアクシデント」である（森山 2002, 3頁）。すなわち「医療過誤」は原則として刑事責任が問われないのに対し「医療事故」は，関与した者が刑法上の業務上

過失致傷罪もしくは業務上過失致死罪として処罰されうるという点で「医療過誤」と「医療事故」は異なるのである。

　しかし，実際の医療現場で発生した事象に関して，どこからが刑法上の処罰の対象になるのかを判断することは極めて困難である。前述のように医療行為（とりわけ医薬品の服用や手術）にはリスクがつきものである。また，第5章：第3節でも述べたように医療法人とは「二重の閉鎖性」を有していることから，組織内部がブラックボックスとなっており，医療過誤（あるいは医療事故）の責任の所在を明確にすることも難しいと考えられる。加えて「医療事故」を大きな枠組みとして捉えた場合「医療過誤」もまた「医療事故」の中に含まれるものであると理解される。したがって，本研究ではとりわけ「医療過誤」と「医療事故」とを使い分けることはせず，これらを総じて「医療事故」と表記する。

2-2　医療事故の発生件数の推移とその主な発生要因

　図6-1は，日本医療機能評価機構が行った調査を基に2005年から2016までの年間医療事故件数の推移をまとめたものである。このグラフからわかるように年間医療事故件数は右肩上がりに増加している。この背景には，単に医療事故の件数が増加してきているだけではなく，近年の著しい技術革新の影響や社会の医療事故への関心が高まったことを受けて，これまで表面化してこなかった医療事故が明るみに出るようになってきたと考えることもできる。しかしながら，日本医療機能評価機構による医療事故の程度を確認してみると，2016年に発生した医療事故3,428件の内，約45％が「死亡」あるいは「障害の残る可能性あり」となっている[1]。このことからも，いかにして医療事故を防止するかは医療法人における重要な課題であるということができよう。

　もちろん，第5章でも述べたように，医療行為の特殊性に鑑みれば，これらの医療事故すべてを防止することは困難である。日本医療機能評価機構による医療事故の発生要因に関する調査によれば，「当事者の行動に関わる要因」が43.2％，「ヒューマン・ファクター（知識が不足していた，技術が未熟だった，勤務状況が繁忙だったなど）」が20.6％，「環境・設備機器」が18.3％，「その他」となっている。さらに，この中で最も多くの割合を占めている「当事者の

図6-1　医療事故発生件数の推移

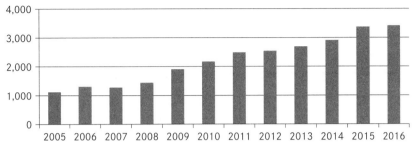

出所：公共財団法人日本医療機能評価機構 HP「病床規模別報告義務対象医療機関の報告医療機関数及び報告件数」2005-2015 年度（http://www.med-safe.jp/index.html），「医療事故情報収集等事業—平成 27 年年報—」57 頁（http://www.med-safe.jp/pdf/year_report_2015.pdf），および「医療事故情報収集等事業—平成 28 年年報—」64 頁（http://www.med-safe.jp/pdf/year_report_2016.pdf）を基に筆者作成（最終アクセス日：2018 年 8 月 9 日）。

行動に関わる要因」の内訳は，「確認を怠った」が 11.3％，「観察を怠った」が 10.5％，「判断を誤った」が 9.6％，「連携がとれていなかった」が 5.2％などとなっている[2]。

2-3　経営倫理の実践と医療事故の防止

　前述のように，近年では企業のみならず様々な組織が独自の組織特性に鑑み，倫理制度を確立している。医療法人もまた例外ではなく，医療事故を防止するために医療従事者をはじめとする組織構成員への倫理的行動を促進させる制度の確立に注力している。しかしながら，第 5 章：第 4 節で確認した千葉県がんセンターの事例からもわかるように，いかに倫理制度を整えたとしてもそれが実践にまで結びつかなければ効果を発揮しないのである。

　医療法人は高い専門的知識あるいは技術を有する医療従事者らによって構成されていることから，他の組織と比べて個々の組織構成員の影響力が大きいと考えられる。そのため，日本医療機能評価機構の調査による医療事故の発生要因の多くが，医療従事者間での情報共有の不足，あるいは個人の倫理的行動に対する意識が低かったことなど，個人レベルでの問題となっていると考えられよう。もちろん，医療従事者が十分な配慮を行っていたとしても，過重労働に

起因する注意力の低下，あるいは上位者からの圧力などによって医療事故が発生することも考えられる。つまり，医療事故は「個人レベル」のみならず医療法人の組織構造そのものに起因する「組織レベル」においても引き起こされているのである。

　かかることに鑑みれば，医療法人において経営倫理を実践するためには，彼（女）らの個人倫理をいかにして組織倫理と統合するのかを考えることが重要であろう。そのためには，前述の医療事故の発生要因を個人レベルと組織レベルとに分類し，個人倫理と組織倫理とを統合するためにどのような問題が生じているのかを剔抉する必要があると考える。したがって，以下ではまず，医療事故の発生要因を個人レベルと組織レベルとに分類することを試みる。加えて，医療法人の組織特性がこれらの要因とどの程度関わっているのかを考察する。

3　医療事故の発生要因の分類（1）：個人レベルと組織レベル

　本研究では，医療法人における組織不祥事をとりわけ，医療事故に焦点を当てて議論を展開しているが，ひとくちに医療事故といっても，その内容，事故の程度，発生要因によって様々である。したがって，本節ではまず医療事故を個人レベルと組織レベルとに分類する。しかし，手術などの医療行為は医師単独で行うものではなく，複数の医療従事者によって行われる。また，近年では，複数の医療従事者によってひとりの患者の治療あるいは診療を行う「チーム医療」が推進されていることから，個人レベルと組織レベルとの境界は明確ではない。このことを踏まえて上で，個人レベルと組織レベルとの分類を通じて，医療法人における個人と組織の相互関連性に関して考察していく。

3-1　個人レベルの医療事故と組織レベルの医療事故

　個人レベルの医療事故の内容の例として，誤診や誤薬の投与，あるいは患者への説明不足が挙げられる。他方，組織レベルの医療事故の内容としては，医療事故の隠蔽や無資格，あるいは技術の不足している医師に手術を行わせること，そして製薬企業との癒着による医薬品の臨床データの改竄などが挙げられ

る。

　さらにこれらの発生要因を考察すると，個人レベルでの医療事故である誤診や誤薬の投与に関しては，「観察を怠った」，あるいは「判断を誤った」といった「当事者の行動に関わる要因」が主な発生要因であると考えられる。また，患者への説明不足に関しては，「ヒューマン・ファクター（勤務状況が繁忙であった）」に加え，医師の患者に対する配慮が不足していたことなども挙げられるであろう。これに対し，組織レベルでの医療事故の発生要因を考察すると，医療事故の隠蔽に関して言えば，社会からの信頼の喪失の回避，あるいはそれによる経済的損失の回避などがその要因として考えられよう。また，製薬企業との癒着による医薬品の臨床データの改竄に関して言えば，製薬企業と医療法人の双方が経済的利益を優先したことに基づくと理解することができる。加えて，医療法人の組織特性である外部ステイクホルダーとの閉鎖性とそれに伴う「情報の非対称性」が，医療事故の隠蔽や患者の利益の軽視など，組織レベルでの医療事故の発生要因を生み出す要因になっていると考えられる（本章：4-1 に詳述）。

　前述のように，日本医療機能評価機構[3]の調査では，2016 年に発生した医療事故の約 43％が「当事者の行動に関わる要因」であることから，個人レベルでの医療事故が多いと理解することができる。しかし，群大病院や千葉県がんセンターの事例からもわかるように，医療事故の発生要因には様々な要因が複雑に関係している。加えて，手術などの医療行為は医師単独で行うことはできず，複数の医療従事者が関係している。したがって，医療事故の主たる発生要因が，「当事者の行動に関わる要因」あるいは「ヒューマン・ファクター」であったとしても，その背景にも目を向ける必要があろう。

3-2　医療法人における「集団」の概念

　第5章：第3節で論じたように。医療法人は「二重の閉鎖性」という組織特性を有している。とりわけ，様々な専門職従事者によって構成されていることに加え，同じ「医師」という専門職に従事していたとしても専門分野が異なることから，部門ごとの独立性が高くなっていることがその特徴として挙げられた。言い換えれば，医療法人には，医師，看護師，薬剤師，そして技師など複

数の専門職（professional）と，さらには医師であれば外科，内科，あるいは
産婦人科や，薬剤師であれば調剤，処方箋監査，または医薬品の管理など複数
の専門家（specialist）が混在しているのである[4]。

　第1章において確認したBarnard（1938）による「組織」の定義に依拠すれ
ば，図6-1における専門家によって構成される各部門も「組織」と捉えること
ができる。本研究ではこうした法人としての大規模な組織の内部に存在する小
規模な組織を「集団」と呼ぶこととする。

　企業においても，営業部や広報部，あるいは人事部など様々な集団が存在し
ている。しかしながら，第5章：3-2で述べたように，日本の企業は，ゼネラ
リストの育成を目的としてジョブ・ローテーションを行う場合が多い。他方，
医療法人は，研修医として様々な部門を経験はするものの，実際に医師の職に
就いた後は，スペシャリストとしてひとつの部門において，専門的な知識や技
術の習得に努めることとなる。その結果，個々の集団の独立性が高く，これが
組織内での閉鎖性を生み出すひとつ要因となっている。加えて，群大病院にお
ける医療事故の事例のように，集団と集団との競争意識や対抗意識によって患
者の利益が軽視された結果，重大な医療事故が発生することもある。かかるこ
とに鑑みれば，医療法人において集団のもつ影響力は極めて大きく，同時に，
組織倫理と個人倫理とを繋ぐ重要な役割を有していると考えられる。

3-3　医療事故の発生要因からみた個人と組織の相互関連性

　本項では，医療事故の内容を個人レベルと組織レベルとに分類し，その発生
要因に関して考察してきた。前述のように，医療行為には手術など複数の医療
従事者が関与する場合もあることから，個人と組織とを明確に分類することは
困難である。加えて，「当事者の行動に関わる要因」や「ヒューマン・ファク
ター」など個人レベルでの医療事故の発生要因であったとしても，それを引き
起こす背景に目を向けてみると，過重労働による医療従事者の注意力の低下と
いった組織レベルの問題，あるいは集団間での情報共有・コミュニケーショ
ンの不足といった集団レベルでの問題の存在が考えられることから，個人と組
織，さらに集団が密接に関連しているといえよう。

　また，密接に関わっているからこそ，医療従事者の個人倫理が歪められれ

ば，それが集団から組織全体に浸透し，杜撰な組織風土を形成することに繋がり，これが他の医療従事者の個人倫理を低下させるという「負の連鎖」を引き起こすことに繋がる。その結果，患者の利益よりも自己の利益，あるいは組織の利益を優先するようになり，最悪の場合，生命に関わる重大な医療事故を発生させることにもなりかねないのである。

　加えて，本項で論じたように，医療法人の組織特性である「閉鎖性」が，こうした個人と組織（そして，集団）との関係を非常に緊密にしている要因となっていることから，他の医療法人における組織特性が個人と組織に影響を与え，それが医療事故の発生要因と関連しているのではないかと考えられる。このことに鑑み，次節では，医療事故の発生要因と医療法人の組織特性との関連を考察していく。

4　医療事故の発生要因の分類（2）：医療法人の組織特性

　前節では，医療事故の発生要因を個人レベルと組織レベルとに分類し，同時にこれらの発生要因の背景にまで着目すると，組織と個人とが相互に緊密に関連していることを主張した。さらに，医療法人における個人と組織との関係には，その組織特性が大きく影響を与えていることが考えられる。言い換えれば，医療法人における組織特性が個人，あるいは組織に対して負の影響を与えることで，医療事故が発生しているということである。

　このことに鑑み，本節では医療法人の組織特性が医療事故の発生にどのような影響を与えているのか，その負の影響に関して考察する。また，前節では専門性の高さから生じる組織内部の閉鎖性（集団の独立性）について言及したが，そのことに関連して生じうる，専門職従事者としての「思考の傾斜」問題を踏まえ，議論を展開していく。

4-1　医療法人の組織特性がもたらす負の影響
　前節では，医療事故の発生には，医療法人の閉鎖性が関与していることに言及してきた。他方で，閉鎖性のみならず「公共性」もまた，医療事故の発生と関係していると考えられる。第5章で確認したように，医療法人は，医療法に

よって営利追求が厳格に規制されている。これは，「医療」という人間の生活において不可欠なサービスを「平等」に国民が享受できるようにすることを目的としている。こうした医療の基本理念や非営利原則が株式会社による病院経営への参入を批判する意見（第5章：2-2参照）の中心となっていることからも，「公共性」は医療法人を特徴づける重要な要素であるといえよう。

　しかしながら，今日，日本の多くの医療法人が赤字経営の問題（第4章：2-2参照）に直面している。こうした状況において，医療法人には経営の効率化を図ることが求められるが，医療法人の経営者は，「医療」の専門家ではあるが「経営」の専門家ではないため，適切な経営判断を行うことが難しい状況に置かれている。加えて，日々進展している高齢化の増加の影響を受けて，高齢者医療費の増加に伴い，医療費は毎年増加を続けている[5]。かかる状況に鑑み，政府は，2017年8月より，70歳以上の人の医療費が見直され，公的年金などの収入が一定額以上ある高齢者は，健康保険の「高額療養費」の自己負担額が，段階的に引き上げられるようになった[6]。しかしながら，他方で，2018年度の診療報酬（医療行為の対価として計算される報酬）は，2016年に続き2回連続で引き下げられており（『朝日新聞』2017年12月19日付朝刊），医療法人が経営を持続的に行うための収益を確保することが難しくなっている。

　こうした経営状況の悪化による人件費の削減と，医師不足問題（第4章：2-3参照）とが相まって，医療従事者の過重労働問題が生じている。さらに，かかる問題によって，医療従事者の注意力が散漫になることで医療事故が発生することもありうることから，「公共性」という医療法人の組織特性が，医療事故の発生要因と関連していると考えることができよう。

4-2　専門性に起因する「思考の傾斜」問題

　医療従事者は，「医療」という専門的かつ高度な知識や技術を有している。加えて，近年の医療技術の高度化の影響を受けて，こうした知識や技術はますます複雑になってきている。こうした中で，医療従事者に求められる「専門家（specialist）」としての専門性が高くなることに比例して，医療法人内における集団の独立性も高くなる。集団の独立性が高くなることで生じる内部の閉鎖性については前節において言及したが，本節では，専門職従事者の「思考の傾

斜」問題に関して言及する。

　1995 年，半導体メーカーであるインテル（Intel Corporation）の当時 CEO
が，前立腺がんの診断を受けた際，最善の治療法を見出すためにそれぞれ異
なる治療法を実践している有名な医師に助言を求めた。この際，医師たち全
員が，自分の専門分野における治療法を選択するように強く勧めたのである
（Grove 2002, 翻訳書 32 頁）。この際，医師たちが自身の利益を優先し，患者
の利益を軽視する利益相反行為によって，自身の専門分野における治療法を勧
めたのであれば当然問題であるが，さらに複雑なことは，患者の利益を優先し
ていたとしても同様の状況が起こりうるということである。すなわち，専門性
の高さとそれに伴う組織内の閉鎖性によって，医師は他の分野における治療法
の情報が不足し，自身の専門分野における治療法が最善であると考える傾斜し
た思考になってしまう。その結果，自身の利益となる治療法を選択するか，あ
るいは患者にとって最善の治療法を提案するかといった倫理的問題に直面して
いることにすら気づかなくなってしまう[7]。

　第 5 章：4-2 で取り上げたように，千葉県がんセンターでは，こうした医療
従事者の専門性による「思考の傾斜」を防止するために，倫理的問題が発生し
た際に，それを話し合う制度として倫理審査委員会を設置しており，その構成
に関して「外部委員を複数名置き，その半数以上は，人文・社会科学面の有識
者又は一般の立場とする」（千葉県がんセンター腹腔鏡下手術に係わる第三者
検証委員会 2015, 11 頁）と規定していた。実際には，その運用に問題がある
こともあり，重大な医療事故を引き起こすことになったが，こうした医療法人
内部で生じうる，専門職，あるいは集団における「思考の傾斜」問題をどのよ
うに緩和させるのかということも医療法人が経営倫理を実践していく上で重要
な課題事項であろう。

4-3　医療事故を発生させる本質的要因
　日本医療機能評価機構の調査によれば，医療事故の発生要因は「当事者の行
動に関わるもの」，あるいは「ヒューマン・ファクター」といった個人レベル
の要因が主であった。しかしながら，そうした個人レベルでの要因を引き起こ
す背景に目を向けてみると閉鎖性に基づく情報共有・コミュニケーションの不

足，または専門性の高さに起因する「思考の傾斜」などが考えられ，そうした医療法人の組織特性がもたらす負の影響が，医療事故の本質的な発生要因であるといえよう。この点に関して，岩森（2002）は「ヒューマン・ファクターは原因というよりもむしろ結果である」（岩森 2002, 407 頁）と述べ，個人の誤った行動（エラー）を省みて過去の失敗を「他山の石」とする医療事故の再発防止策では不十分であり，エラーの発生メカニズムに焦点を当てた事前的な防止策によって，医療の安全性を確保する必要があることを主張している（岩森 2002, 407-408 頁）。

　前述のように，こうした医療事故の発生メカニズムには，医療法人の組織特性である閉鎖性や専門性，あるいは公共性が大きく関係している。こうした本質的な要因をすべて解決するためには，医療法人が単独で経営倫理を実践するだけでは困難である。なぜなら，医療法人は法律や政府の整備する制度から極めて大きな影響を受けており，仮にそれらを見直すとなれば，多大な時間と費用がかかり，外部環境の変化に柔軟に対応することができないからである。だからといって，既存の法律や制度の見直しを待っているだけでは，医療法人はその社会的使命を果たすことはできない。医療法人には，経営倫理の実践によって，個人間，あるいは集団間のコミュニケーションを図ることで組織内部の閉鎖性を緩和させることが求められる。そのためには，医療従事者の個人倫理，組織倫理および専門職倫理を統合し，患者の利益（さらに言えば社会的利益）の優先へと方向づけることが必要であろう。

5　本章のまとめ

　本章では，医療事故の発生要因に焦点を当て，それらを個人レベルと組織レベルとに分類するとともに，医療法人の組織特性が医療事故の発生要因に大きな影響を与えていることを論じてきた。図 6-1 からもわかるように，近年，医療事故の発生件数は右肩上がりに増加している。しかしながら，これらは必ずしも医療従事者の非倫理的行動によって引き起こされているとは限らない。医療事故の発生要因としては，「医療」の有する不完全性，医療技術の高度化・専門化に伴う複雑化に加え，「被害者と報道機関の使命感に基づく地道な検証

と開示の努力による医療事故の顕在化と医療の論理性，社会性，安全性，及び透明性などを求める患者の権利意識の高揚」（岩森 2002, 405 頁）も挙げられる。

　医療従事者個人の怠慢や過重労働による注意力の低下など個人レベルの発生要因も極めて重要な問題である。同時に，医療法人の組織特性に起因する組織レベルの発生要因にも焦点を当てることが求められる。さらに，医療法人における個人と組織との中間に位置付けられる集団が高い独立性を有していることから，これは見過ごすことのできない重要な概念であることを主張した。医療法人において経営倫理を実践していくためには，この独立性の高さに起因する組織内部の閉鎖性をいかにして緩和するのかが重要な課題であろう。

　医療法人は，「医療」という患者の生命に直結する極めて重要なサービスを提供している。過去の失敗に基づいて医療従事者の行動を省みることに意義がないとはいえないものの，ひとつの失敗が患者にとっては生死に直結する問題であること，また医療法人にとっても信頼を失墜させ，医療法人が持続的に経営を行っていくことに甚大な被害を与えること，といったように，医療法人と患者の双方にとって取り返しのつかない不利益を与えかねないことに鑑みれば，医療事故を未然に防止するための施策として，いかにして経営倫理を実践していくのかを議論することが重要であると考える。そのためには，経営倫理の理論と実践の統合と，医療法人における個人倫理，組織倫理および専門職倫理の統合といった 2 つの統合を図ることが必要であろう。

注：
1　公益財団法人日本医療機能評価機構「医療事故情報収集等事業―平成 28 年年報―」69 頁（http://www.med-safe.jp/pdf/year_report_2016.pdf, 最終アクセス日：2018 年 8 月 9 日）。
2　公益財団法人日本医療機能評価機構「医療事故情報収集等事業―平成 28 年年報―」71 頁（http://www.med-safe.jp/pdf/year_report_2016.pdf, 最終アクセス日：2018 年 8 月 9 日）。
3　公益財団法人日本医療機能評価機構「医療事故情報収集等事業―平成 28 年年報―」71 頁（http://www.med-safe.jp/pdf/year_report_2016.pdf, 最終アクセス日：2018 年 8 月 9 日）。
4　専門職（professional）とは第 5 章：第 4 節で定義したように，「専門的かつ高度な知識や技術を必要とする職業」であり，これに従事する人間を「専門職従事者」という。これに対し専門家（specialist）とは，「ひとつの確立された専門職の内部においてさらに活動分野を分化し，それぞれの分野におけるより専門的な知識，技術，あるいは経験を有する人間」を指す。
5　2015 年の医療費総額が，約 40 兆円であったことに対し，2016 年の医療費総額は約 42 兆円となっている（厚生労働省「平成 28 年度　医療費の動向」https://www.mhlw.go.jp/file/04-Houdouhappyou-12401000-Hokenkyoku-Soumuka/0000177607.pdf, 最終アクセス日：2018 年 8

　月 8 日）。

6　厚生労働省保険局「高額療養費制度の見直しについて（概要）」(https://www.mhlw.go.jp/
　seisakunitsuite/bunya/kenkou_iryou/iryouhoken/dl/ryouyou 01.pdf, 最終アクセス日：2018 年 8
　月 8 日）。

7　行動倫理学の分野においてこれを「自己中心主義のバイアス」と呼ぶ（第 7 章に詳述）。

第Ⅱ部 小括

医療法人における経営倫理の実践上の諸課題

　第Ⅱ部では，本研究における主たる対象である医療法人に焦点を当て，経営倫理の実践上の諸課題を考察することを目的として，その組織特性と医療事故の発生要因を中心に考察してきた。医療事故の発生要因には，様々な組織に共通する要因と医療法人の組織特性に基づく要因とが存在している。たとえば，医療法人を取り巻く諸課題，とりわけ第４章において取り上げた医療従事者の過重労働，外部ステイクホルダーとの歪んだ関係，そして個人的利得の追求による利益相反といった問題は，他の組織においても起こりうる問題である。しかしながら，そうした問題の背景に着目してみると，医療法人の経営の効率化を図る上で，公共性を維持するために厳格な規制の影響を強く受けているが故に，医療従事者の過重労働を引き起こすことに繋がっていること，その結果，医療従事者の注意力が低下し，重大な医療事故にも繋がりかねないことなど，様々な組織に共通する要因と組織特性に基づく要因とが複雑に関連していることが確認された。

　さらに，近年，様々な分野における技術革新と同様に，医療技術も日々高度化している。しかしながら，いかに医療技術が進展したとしても，手術や医薬品の処方をはじめとする医療行為には大きなリスクが伴う。この意味で「医療」とは必ずしも完成された技術とはいえないのである。したがって，こうした不完全性を有する「医療」に携わる医療従事者には高度かつ専門的な知識や技術の体得が不可欠であり，専門職従事者らによって構成されていることも医療法人の組織特性として考えることができよう。

　他方で，こうした専門性によって引き起こされる負の影響も存在している。

　第一に「閉鎖性」の問題である。前述のように，医療従事者は高度かつ専門的
な知識や技術を有していることから，患者との間に「情報の非対称性」が生
じる（外部との閉鎖性）。このことに加えて，医療法人は，医師，看護師，あ
るいは薬剤師と異なる専門的知識を有する専門職従事者によって構成されてお
り，同じ「医師」という職に従事していたとしても診療科によって専門分野が
異なることから，個々の集団の独立性が高くなる傾向にある（内部の閉鎖性）。
こうした「閉鎖性」が，組織内の情報伝達やコミュニケーションを阻害し，医
療事故を引き起こす要因にも繋がる。

　また，医療従事者は，専門性の高さに起因して個々人が大きな権力，あるい
は影響力を有している。したがって，彼（女）らの行動は，個人倫理，組織倫
理および専門職倫理といった属性の異なる3つの倫理から規定されることにな
る。これらをどのようにして統合し，患者の利益（さらに言えば社会の利益）
へと方向づけるのかを議論する必要がある。

　近年，医療事故の発生件数は年々増加（図6-1参照）しており，こうした医
療事故をいかにして防止するのかが，医療法人にとっての喫緊の課題である。
第Ⅰ部でも述べたように，経営倫理の重要性は広く社会に認知されており，
多くの医療法人が倫理制度を確立することによって，医療事故防止に努めて
いる。実際に，第5章で取り上げた千葉県がんセンターでは，組織の閉鎖性に
よって生じる専門職従事者の「思考の傾斜」を防止する制度を整備していた。
しかしながら，それが機能しなかったことをひとつの要因として，重大な医療
事故を引き起こしてしまったように，倫理制度を整えることに終始するのでは
なく，それをどのようにして実践するのかということが重要であろう。

　かかる理解を踏まえれば，第Ⅰ部で確認した経営倫理の「理論」の側面，そ
して第Ⅱ部で確認したその「実践」の側面，双方において，同様の課題に直面
しているということができよう。かかることに鑑み，第Ⅲ部では，経営倫理を
実践していくための施策を考察していくこととする。

第Ⅲ部

医療事故防止のための理論と実践の統合

第7章

経営倫理研究における
行動倫理学アプローチの意義と課題

1　はじめに

　第Ⅰ部において論じたように，経営倫理研究は組織不祥事を背景に展開されてきた。応用倫理学アプローチであれ，経営学アプローチであれ，従来の経営倫理研究はこうした組織不祥事を防止するために，倫理的行動を実践するプロセスにおける「判断」の段階に焦点を当ててきた。とりわけ，経営学アプローチでは，「経営倫理の制度化」が強調され，実際に，今日において，営利追求を主たる目的と位置付ける企業のみならず，医療法人や学校法人など様々な組織が倫理制度を確立している。このことは，これまでの経営倫理研究が，「倫理制度の充実」として結実していることの証左であろう。

　しかしながら，こうした倫理制度を整備・確立している組織が組織不祥事を引き起こすということは決して珍しいことではない。前述のように，今日では様々な組織が倫理制度を確立していることから，経営倫理の重要性は広く社会に「認知」されているといえよう。一方で，こうした組織が組織不祥事を引き起こす背景には，経営倫理が「認知」の段階で止まっており，「実践」にまで結びついていないことが考えられる。言い換えれば，組織は倫理制度を整えているものの，それが組織構成員の行動レベルにまで浸透していないのである。

　第Ⅰ部の小括でも触れたように，組織における個人は倫理的行動を実践する際，まず倫理的課題を「認知」し，その上で，複数ある選択肢の中から最も倫理的な行動とは何かを「判断」する。そして，実際にそれを行動に移す「意

思決定」を行い，倫理的行動を実践するというプロセスを経る（Trevino and Nelson 2011, pp. 70-75）。従来の経営倫理研究（応用倫理学アプローチと経営学アプローチ）はいずれも，このプロセスにおける「判断」の段階に主に焦点を当ててきた。しかしながら，人間は頭で「とるべき行動」を理解していたとしても，必ずしもそれを実践できるとは限らない。このことに鑑みれば，「認知」あるいは「意思決定」の段階に焦点を当てることも重要であると考えられる。

　かかる理解を踏まえ，本章では行動倫理学の視座に基づき，組織における個人が倫理的行動を実践するためのプロセスにおける「意思決定」の段階に焦点を当てる。Bazerman と Tenbrunsel（2011a）は，個人の倫理的思考と倫理的行動との間にギャップを生じさせる要因を「限定された倫理性（bounded ethicality）」の概念を用いて説明している。組織において，経営倫理を実践するのが個々の組織構成員である以上，経営倫理の実践をめぐる議論において「限定された倫理性」の概念は，軽視することのできない重要な問題であろう。このことに鑑み，本章では，経営倫理研究における行動倫理学アプローチの意義と課題を考察するとともに，従来の経営倫理研究（応用倫理学アプローチと経営学アプローチ）と行動倫理学アプローチとの統合可能性を模索することを目的とする。

2　経営倫理の実践プロセス

　今日，様々な組織が社会において持続的に経営をしていくためには，経営倫理の実践が不可欠であるといえよう。実際に組織が組織不祥事をはじめとする非倫理的行動を行えば社会的に大きな批判を受けることになり，当該組織は存続の危機に陥っているといっても過言ではない。従来の経営倫理研究は，組織不祥事を防止するために「倫理の制度化」というひとつの成果を残してきた。本研究でも繰り返し述べてきたように，こうした従来の経営倫理研究がいかに有意義であるかは議論するまでもない。また，従来の経営倫理研究は，企業という営利組織を主な対象として議論が展開されてきた。他方で，近年，様々な組織による組織不祥事が社会から注目されるようになっており，医療法人にお

ける医療事故もまた例外ではない。こうした医療事故を防止するために，医療法人もまた倫理制度の整備・確立に注力するようになっている。加えて，ホームページなどで経営理念をはじめとして，組織構成員に倫理的行動を促進するための取り組みを公開することで透明性を高め，外部との閉鎖性を解消することにも努めているのである。

　しかし，それでもなお組織不祥事が頻発する背景には，従来の経営倫理研究では不足している点，あるいは見落としていた点があるのではないかということが本研究におけるひとつの問題意識である。このことに鑑み，本節では人間が倫理的行動を実践するプロセスにおいて，従来の経営倫理研究が見落としてきた点を整理する。

2-1　倫理的思考と倫理的行動

　組織における個人は，倫理的行動を実践する際，倫理的課題を「認知」し，複数ある選択肢の中から最も倫理的な行動とは何かを「判断」する。そして，実際にそれを行動に移す「意思決定」を行い，倫理的行動を実践するというプロセスを経る（第Ⅰ部小括：図1参照）。前述のように，経営倫理研究における理論の基礎となっている規範倫理学は，人間が倫理的課題を「認知」していることを前提とした上で，「どのように行動するべきなのか」という倫理的思考をその研究対象としている。この意味において，従来の経営倫理研究，とりわけ規範倫理学は，かかるプロセスの「判断」の段階に焦点を当てていると理解することができる。

　第2章でも述べたように，規範倫理学には伝統的な二分法（義務論と功利主義）があり，これらはしばしば対比関係として用いられる。義務論が行動の動機や善意志（good will）に基づく倫理的思考の重要性を主張する「非帰結主義」の立場であることに対し，功利主義は，行動や規則によって導き出された結果の重要性を主張する「帰結主義」の立場をとっていることがその主な理由として挙げられよう。倫理的行動を実践するべきという思考と行動の結果の関係から，人間の倫理的行動をまとめると表7-1となる。

　義務論と功利主義のいずれの立場をとるにしても第1事象，すなわち「倫理的行動を実践しようとする意思をもった上で，結果が伴う行動」が最も理想で

あり，第4事象，すなわち「倫理的行動を実践しようとする思考もなく，かつ非倫理的行動を行うこと」が最も避けるべき事象であることに異論はないであろう。義務論の場合，第3事象，すなわち「倫理的に行動しようとする意思はあったものの，非倫理的な結果を導いてしまった行動」をいかにして第1事象に移行させるのかが課題である。一方，功利主義の場合，第2事象，すなわち「倫理的に行動しようとする意思がなかったにもかかわらず，倫理的な結果を導いた行動」に関して，一時的な結果に留まってしまうことがないよう彼（女）らの倫理意識を高め，倫理的行動を習慣付けることによって，第1事象に移行させることが課題である。

　既存の倫理制度は，行動基準の整備，内部通報者制度，あるいは倫理研修プログラムを通じて，意識的な善行を推奨し，組織不祥事を引き起こさないように注意喚起する役割を果たす。この意味において，功利主義の課題をある程度是正する効果があるといえよう。しかし，義務論の課題に対してはどうであろうか。倫理的行動を実践しようとした人間が，非倫理的な結果を導いてしまった場合，その人間に倫理教育を施してもそれほど効果は見込めないであろう。ここで注意しなければならないことは「倫理的思考」と「倫理的行動」とは異なるということである。言い換えれば，倫理的に行動しようとする意思をもった人間は必ずしも倫理的行動を実践できるとは限らない。そこで重要となるのが，行動倫理学の視座である。行動倫理学アプローチは，倫理的思考をもった人間がなぜ非倫理的行動をとってしまうのか，その要因を解明することを目的としており，倫理的行動を実践するプロセスにおける「意思決定」の段階に焦点を当て，「判断」から「意思決定」に移行する際に作用する心理的要因を考

表7-1　行為者の思考と行動の結果

		行動の結果	
		倫理的	非倫理的
思考の有無	有り （意識的）	第1事象 意識的な善行	第3事象 意識的な組織不祥事
	なし （無意識）	第2事象 無意識な善行	第4事象 無意識な組織不祥事

出所：水村（2015），3頁を参考に筆者一部修正。

察する研究である。したがって，行動倫理学アプローチは，従来の経営倫理研究が見落としていた側面を補完する役割を担うと考えることができる。

2-2　意思決定の「前」と「後」

　行動倫理学アプローチが主に「意思決定」の段階に焦点を当てる理由として，人間の倫理的思考と倫理的行動とを乖離させる要因がその段階に多くみられるからである。なぜこうした乖離が生じるのであろうか。そのひとつとして，人間が未来の行動を予測する時点と実際に行動する時点とでは，その選択についてどのように考えるかが異なるからである（Bazerman and Tenbrunsel 2011a, 翻訳書 98 頁）。たとえば，ほとんどの人間は嘘をつくことを非倫理的行動であるといい，そのような行動はとるべきではないと考えるであろう（倫理的思考）。しかしながら，実際にそう考えている人間が不都合な状況に直面したとき予測に反して嘘をつくこと（非倫理的行動）は数多くある。

　こうした予測と行動の乖離は，2 つの時点で抱く動機の相違と「倫理の後退」（表 7-2 参照）によって生み出されている。未来の行動を予測する段階では，自身が具体的にどのような状況に直面するかを細部まで予測することは難しい。そこで，一般論的な原則や方針にしたがって予測を行う。つまり，森を見て木を見ない状態である。しかし，実際に行動する時期が近付いてくるにつれて，一本一本の木が見え始め，森全体の輪郭が視界から消えていく。その結果，漠然とした原則ではなく，具体的な自身の事情に基づいて行動を選択するようになるのである。

　加えて，人間は非倫理的行動を行った後に，自身を正当化しようとする傾向がある（Bazerman and Tenbrunsel 2011a, 翻訳書 103 頁）。たとえば，「相手のためを思って仕方なく嘘をついた」，あるいは「誰でも嘘はついたことある」と自己肯定をすることや非倫理的行動を行ってしまった代わりに自発的な善行をすることで埋め合わせしようとすることなどがその例として挙げられる。加えて，次節において取り上げる大和銀行ニューヨーク支店での組織不祥事のように，人間は一度小さな非倫理的行動を行ってしまうと，自身の倫理に対する基準が下がり，徐々にエスカレートしてしまうこともあり得る（表 7-2

「段階的エスカレートの罠」)。このように，行動倫理学アプローチは「意思決定」を行う段階のみならず「意思決定」の前後において，人間の倫理的思考と倫理的行動とを乖離させる要因を明らかにする。

2-3　個人倫理と行動倫理学アプローチ

　行動倫理学アプローチは，行動科学の考え方に基づき，「人間は実際にどのように行動するのか」という個人の行動に焦点を当てている。他方で，経営倫理研究に限らず，従来の経営学の分野における様々な研究が組織を対象としており，個人の行動や個人倫理などに焦点を当てる研究はあまりみられない。しかしながら，組織において経営倫理を実践する主体は個人であり，彼（女）らの個人倫理を考慮せずに組織における経営倫理の実践を議論することはできない。とりわけ，第Ⅱ部を通じて論じてきたように，医療法人をはじめとする専門職従事者によって構成される組織では，個々の組織構成員が大きな権力と影響力とを有している。かかる状況において，彼（女）の個人倫理を考慮せずに倫理制度を整えたとしても，それがどれほど有効であるかは疑問をもたざるをえない。この意味において，個人に焦点を当てた行動倫理学アプローチの意義を見出すことができる。

　個人に焦点を当てた経営倫理研究とは個人主義を主張するのではない。組織の管理者は，組織にとって重要なステイクホルダーのひとつである組織構成員個々の多様性を認識することが必要であり，彼（女）らが互いの価値観を理解・受容することによって個人倫理を向上させることが，最終的に組織不祥事を未然に防止することのできる健全な組織倫理の構築に繋がることを示唆しているのである。したがって，経営倫理の実践を議論する上では，行動倫理学アプローチのみでも不十分であり，組織に焦点を当てた従来の経営倫理研究（応用倫理学アプローチと経営学アプローチ）と統合した枠組みを示唆する必要があろう。かかる理解を踏まえ，次節では行動倫理学アプローチにおいて重要な概念のひとつである「限定された倫理性」を取り上げ，「意思決定」の段階に作用する心理的要因に関して考察を加える。

3　行動倫理学の視座

　応用倫理学アプローチであれ，経営学アプローチであれ，従来の経営倫理研究は「人はどのように行動するべきか」という問いに答えることを主たる目的としている点において共通している（Bazerman and Tenbrunsel 2011a, 翻訳書 38 頁）。

　しかしながら，前述のように，人間は頭で「とるべき行動」を理解していたとしても，必ずしもそれを実行できるとは限らない。言い換えれば，すべての人間が倫理的行動を実践する際のプロセスを経るとは限らず，また，各段階には様々な弊害が存在し，想定通りに物事が進むとも限らないのである（Werhane, Hartman, Archer, Englehardt and Pritchard 2014）。とりわけ，組織における個人は，強力な財務上の利害からの誘惑，あるいは上位者からの圧力など様々な要因から影響を受けることによって，ときに非倫理的行動をとってしまうことも有り得る。こうした「人間は実際にどのように行動するのか」という行動科学の考え方を取り入れ，人間や組織が非倫理的行動を引き起こす要因の解明を目的とするのが行動倫理学である（Bazerman and Tenbrunsel 2011a, 翻訳書 40 頁）。

　ここで重要なことは，行動倫理学は，従来の経営倫理研究を否定するものではなく，従来の経営倫理研究ではあまり触れられてこなかった側面に焦点を当てるものである。すなわち，応用倫理学アプローチや経営学アプローチと行動倫理学とは相互に補完し合う関係なのである。このことを念頭に，本節では，人間が倫理的行動を実践する際のプロセスにおける「意思決定」の段階に焦点を当て，意思決定論の主要な概念である「限定された合理性（bounded ratinality)」と行動倫理学アプローチの「限定された倫理性」とを取り上げ，人間の非倫理的行動を生み出す要因を整理する。

3-1　「限定された合理性」に基づく機会主義的行動

　そもそも「意思決定」とは，「人間が合理的と思う選択を行うこと」を意味している（高 1995, 28 頁）。それ故，意思決定（合理的選択）を行う場合の課

題は，①「代替案の列挙」，②「代替案から生じる結果の確定」，そして③「結果の比較評価」にある（Simon 1976, 翻訳書 85 頁）。したがって，最も合理的かつ客観的な意思決定とは，意思決定の主体が，先立って代替的選択肢を概観し，各選択肢によって生じる複雑な諸結果のすべてを考慮し，すべての代替的選択肢から 1 つの行動を選択することのできる基準をもった状態において初めて行うことができる（高 1995, 28 頁）。しかしながら，実際の人間の意思決定は，Simon（1976）が指摘するように以下の 3 つの点において，合理的かつ客観的な意思決定からかけ離れている。

　第一に，人間の知識は常に不完全な状態にある。合理的かつ客観的な意思決定は，「各選択肢から生じる諸結果の予測」を必要とするが，実際の人間は自身を取り巻く環境に関して，部分的な知識以上のものは有していない。したがって，意思決定の主体は「限られた範囲の知識のみに基づいて，主観的に意思決定を行っているに過ぎない」（Simon 1976, 翻訳書 103-104 頁）。

　第二に，人間はある代替案がもたらす結果を完全に予測することはできない。ここには，結果そのものの予測が困難であるという事実に加え，人間の有する性向との関連で予測がより複雑になるのである（Simon 1976, 翻訳書 106 頁）。たとえば，過去に株式投資で大きな損失を被った経験のある投資家は，同様の状況に直面した際，客観的な確率とはほとんど関係なく，株式の売買を避けようとする傾向にある。

　第三に，人間は可能な行動をすべて想起することはできない。言い換えれば，実行可能な代替案を思い起こすのは，いつなんどきでもわずかに過ぎないのである。たとえ，多くの代替的選択肢を知っていたとしても，一時点に脳が情報を処理できる容量が限られているため，それらすべてを一度に比較検討することは不可能である（Simon 1976, 翻訳書 106-107 頁）。このような 3 つの理由から，実際の人間の意思決定における合理性があくまで限定されているものに過ぎないことを Simon は指摘している。これが「限定された合理性」の概念である。

　こうした「限定された合理性」の概念に基づけば，人間が倫理的行動を実践する際のプロセスにおいて，たとえ行動主体が倫理的課題の存在を「認知」していたとしても，「判断」の段階において想起することのできる選択肢には限

りがある。つまり，こうした複数の選択肢の中から，「最も倫理的な行動とは何か」を判断することもまた同様に限定されるのである。さらに言えば，組織における個人が意思決定を行う際においても，外部環境の不確実性と複雑性に伴い，彼（女）らの情報処理能力や記憶の容量に限界が生じることによって，「限定された合理性」の概念が作用する。その結果，彼（女）らは自己利益，あるいは自身の属する組織の利益を追求するために情報を操作したり，ときに情報を偽ったりする非倫理的行動を伴った機会主義的行動をとることも考えられる。この際，行動主体は「意思決定」の段階において倫理の問題とビジネスの問題とを切り離して考えていることになる。つまり，仮に行動主体が「認知」の段階において倫理的課題の存在を認知し，倫理的思考を有していたとしても，倫理的行動を行うかどうかは別の問題となるのである。この意味において，「限定された合理性」は，「判断」から「意思決定」の段階に移行する際において，非倫理的行動を引き起こすひとつの要因として挙げられるのである。

3-2　「限定された倫理性」と倫理的行動

　人間の非倫理的行動には，「限定された合理性」のみならず様々な要因が影響を与える。「倫理的意思決定はどのようにして歪められるのか」，「なぜ人間は自分の倫理的思考とは裏腹に，非倫理的行動をとるのか」，こうした疑問に対する包括的な理解を目的としているのが行動倫理学である。Bazerman と Tenbrunsel（2011a）は，倫理的思考と倫理的行動との間に乖離が生じる要因として「限定された倫理性」の存在を主張している。つまり，人間は意思決定を行う際，合理性のみならず倫理性もまた限定されているのである。「限定された倫理性」とは「倫理的に振る舞おうという意図はあるのに，実際には倫理に反する行動を取ってしまうような現象を生み出す原因」と定義される（Bazerman and Tenbrunsel 2011a, p. 5, 翻訳書 7 頁）。また，Bazerman と Tenbrunsel（2011a）は，「限定された倫理性」が生じる心理的メカニズムとして表 7-2 に示す 14 個を挙げている。

　「限定された倫理性」は近年発生した組織不祥事にみられる要因[1]だけでなく，過去に発生した組織不祥事の発生要因からもかかる概念を見出すことができる。たとえば，1995 年に発生した「大和銀行ニューヨーク支店巨額損失事

件」は，日本の社会に経営倫理の重要性を認識させる契機となった組織不祥事のひとつであろう。当時の日本企業においては，現在ほどステイクホルダーへの情報開示が義務付けられていたわけではなく，個々の企業で発生した組織不祥事を公表するという発想も薄かった時代であった。しかし，この事件がアメリカで発生し，米国当局の操作を受けたことで膨大な質量の情報が公開されることとなった。その結果，十数年にわたり一行員が顧客から預かっていた証券の無断取引を繰り返して約1,100億円もの損失をつくっていた過程，加えてこれを知った経営陣による隠蔽行為が明らかになった（井上 2015, 30-31頁）。本事件が発生した要因としては，一行員に取引に関する一連の権限を委譲し，他者からの監視のない杜撰な管理システムや経営陣のコンプライアンス意識の欠如などが挙げられる（井上 2015, 32頁）。もちろんこれらは重要な要因であり，だからこそ内部統制システムの構築やコンプライアンス意識の向上を図る倫理教育が今日の社会に浸透してきたのである。

　一方で，行動倫理学の視座から考察すると別の要因を見出すことができる。そもそも本事件は，1983年に一行員が取引によって5万ドルの損失を生み出したことが始まりであった。彼はこの損失を取り戻すためによりリスクの高い取引を行い，その結果損失は20万ドルとなり，以降損失を取り戻すために取引を行う負の循環に陥ったのである。この際，彼は損失を隠すために銀行保有や顧客から預かっていた証券を無断で売却して補填すると同時に，1984年から11年間にわたって帳簿類の偽造を行っていた（井上 2015, 33頁）。このように，一度非倫理的行動を行うとこれを隠すために非倫理的行動を重ねる「段階的エスカレート」に基づく「限定された倫理性」が作用することとなり，非倫理的行動を行ってしまう。

　加えて，この一行員は1999年に著書『告白』でかかる非倫理的行動を行った際の心理状況を説明している。本書ではしばしば「家族のために」という言葉が用いられている（井口 1999, 154頁）。また彼は「私が無断取引に手を染めざるを得なかったのも…中略…もとはと言えば銀行の経営陣に欠陥があったからだ」（井口 1999, 191頁）と述べている。この場合，前者は「善行の『免罪符効果』」，後者は「自己中心主義のバイアス」に基づく「限定された倫理性」が作用していると考えられよう。さらに，一行員をはじめ大和銀行の経営

表 7-2 「限定された倫理性」が生じるメカニズム [2]

1. 内集団びいき (in-group favoritism)	自分と共通点がある人に対し，「親切にしてあげたい」と直感的に感じる (pp. 38-39, 翻訳書 57 頁)。
2. 日常的偏見 (ordinary prejudice)	情報を分類・認識・判断する際に，日常的に用いている無意識の偏見・選好に導かれる (pp. 46-48, 翻訳書 67-70 頁)。
3. 自己中心主義バイアス (egocentric bias)	公正性の基準を自分に都合よく変えることにより，自分の望む結果を公正なものと位置付け，正当化しようとする (p. 50, 翻訳書 73 頁)。
4. 未来の過剰な割引 (discounting the future)	未来について考えるとき，過剰に大きな割引率を適用する。または，長期的な損得を犠牲にして，目先の損得を偏重する (pp. 56-57, 翻訳書 82 頁)。
5. 予測の誤り (prediction errors)	自分の将来の行動を正確に予測できない。たとえば，三日坊主や正月の新年の抱負など (p. 63, 翻訳書 92 頁)。
6. 回想バイアス (recollection biases)	不正を行うとき，その行為の道徳違反としての深刻度を普段より軽く考える。「倫理の遮断」ともいわれる (p. 72, 翻訳書 104 頁)。
7. 動機付けられた見落とし (motivated blindness)	他人の非倫理的行動に気付くと，自分に不利益が及ぶ状況で，それを都合よく見落とす (p. 81, 翻訳書 117-118 頁)。
8. 間接性による見落とし (indirect blindness)	人間の直感は，他人の間接的な非倫理的行動に気付きにくい。または，部下を介して間接的に行動した上司の非倫理的行動に，外部の人間は気付きにくい (pp. 87-88, 翻訳書 126 頁)。
9. 段階的エスカレートの罠 (slippery slope)	最初にごく小さな倫理違反を自分に許すと，歯止めがきかなくなり，自分を許す倫理違反がどんどんエスカレートしていく (p. 92, 翻訳書 132 頁)。
10. 結果偏重のバイアス (valuing outcome over processes)	行動そのものの倫理性ではなく，その行動が害悪を生み出したかどうかを基準にする (p. 95, 翻訳書 137 頁)。
11. 報酬システムのゆがみ (reward systems gone awry)	報酬システムが，目的のために手段を選ばない態度を生み，非倫理的行動を引き起こす強力な触媒となる (p. 106, 翻訳書 155 頁)。
12. 制裁システムの思わぬ副作用 (unintended effects of sanctions)	罰則を導入することで，意思決定を倫理の問題ではなく，ビジネス上の問題としてみなすようになる (p. 111, 翻訳書 162 頁)。
13. 善行の「免罪符効果」 (when doing good becomes a license to misbehave)	倫理的行動を行った後，非倫理的行動を行う権利を手にしたと考える。反対に，非倫理的行動を行った後，倫理的行動を行うことで，埋め合わせをしようとする。「道徳上の埋め合わせ行為」，「道徳的な釣り合いの維持」ともいわれる (p. 114, 翻訳書 166 頁)。
14. 目に見えない組織文化の影響 (domination of informal cultures)	非公式の組織文化が，組織構成員の非倫理的行動を引き起こす要因となる (pp. 117-119, 翻訳書 170-173 頁)。

出所：Bazerman and Tenbrunsel (2011a) および松井 (2018) を参考に作成。

陣もが行った隠蔽行為には「倫理の後退」あるいは「結果偏重のバイアス」に基づく「限定された倫理性」が作用しているといえよう。このように組織やそれに属する個人の非倫理的行動（本事件においては犯罪行為と表記するほうが適切である）には様々な心理的要因が複雑に組み合わさって生じる「限定された倫理性」が作用しているといえる。

3-3　「限定された倫理性」を考慮した制度づくりの意義

　大和銀行による組織不祥事は，今日においても発生する日本における組織不祥事の発生要因を表しているということができる。すなわち，杜撰な管理システムは今日における倫理制度の形骸化であり，コンプライアンス意識の欠如は今日においても発生している違法行為による組織不祥事を表している。繰り返しになるが，今日では倫理制度を整備・確立していない組織はほとんどないといえる。したがって，様々な組織が経営倫理の重要性を「認知」していることに疑いはないであろう。重要なことは，倫理制度の形骸化にしても，コンプライアンス意識の欠如にしても，組織やそれに属する個人が，倫理的行動を実践するプロセスにおける「意思決定」の段階でビジネスの問題と倫理の問題とを切り離して考えてしまうことがその背景として考えられる。すなわち「限定された倫理性」は組織による組織不祥事の本質的な発生要因であり，さらに言えば，経営倫理の「理論」と「実践」の乖離問題を生じさせる要因として考えられるのである。

　既存の倫理制度，とりわけ行動基準の明文化は，組織構成員が倫理的課題に直面した際に，倫理的行動を実践することができるように指針を示す役割を担っている。また，倫理教育は，組織構成員のコンプライアンス意識を高め，組織構成員が倫理的課題を「認知」できるようにすることを目的としている。つまり，前者は人間が倫理的行動を実行する際のプロセスの中で「判断」の段階に有効性を発揮し，後者はかかるプロセスの「認知」の段階に有効性を発揮すると理解できよう。しかしながら，本章において繰り返し述べているように，倫理的思考と倫理的行動は必ずしも一致するものではない。とりわけ，「限定された倫理性」が作用することにより，倫理的思考を有していた個人が非倫理的行動を行うことも考えられる。本章は，行動倫理学アプローチがこう

した倫理的思考と倫理的行動の不一致を是正するという論旨ではない。行動倫理学アプローチに基づく「限定された倫理性」の存在を組織やそれに属する個人が認識することの重要性を主張しているのである。つまり，「どのような倫理的課題があるのか」，「倫理的課題に直面した際，どのように行動するべきか」に加え，「どのような心理的バイアスが，人間を非倫理的行動に陥れるのか」ということを倫理教育の中に加えることで，「意思決定」の段階における弊害を認識させることが重要なのである。ここに，「限定された倫理性」を考慮した制度づくりの意義を見出すことができよう。

4　経営倫理研究における従来のアプローチと行動倫理学アプローチの統合

　第 I 部でも述べたように，従来の経営倫理研究には 2 つ主要なアプローチ（応用倫理学アプローチと経営学アプローチ）がある。応用倫理学アプローチは，規範倫理学をその基礎として組織やそれに属する個人が倫理的課題に直面した際，どのような行動を行うべきなのかという指針を示すアプローチであり，この「とるべき行動」を「制度」として規定することが主たる目的と理解されよう。一方で，経営学アプローチは，過去に発生した組織不祥事を契機として社会が企業（あるいは組織）に倫理的責任の履行を求めるようになったことを背景として発展してきた。したがって，現実の事象である組織不祥事を防止するための施策を「制度」として確立することで，どのようにこれを「実践」するのかを議論することを主たる目的としている。

　本章では，これら 2 つのアプローチとは異なる行動倫理学の視座を経営倫理研究に加えることの意義を主張してきた。しかし，これは従来のアプローチと行動倫理学アプローチとの優劣をつけることを目的としているのではない。むしろ，従来のアプローチが見落としていた側面を行動倫理学アプローチが補完することによって，経営倫理研究をさらに深化させることが本章の目的である。この意味において，従来のアプローチと行動倫理学アプローチとの統合を図ることが求められる。

　このことを念頭に本節では，応用倫理学アプローチと経営学アプローチの各

アプローチと行動倫理学アプローチとの関係からその統合可能性を模索していく。加えて，これらの統合を図ることを通じて，応用倫理学アプローチと経営学アプローチの関係をより強固なものとする役割を担う行動倫理学アプローチの意義を考察していくこととする。

4-1　応用倫理学アプローチと行動倫理学アプローチの統合

　応用倫理学アプローチは，「人間は理性に従って判断し，行動する」という前提に基づいて，「組織における個人はどうあるべきか」という当為を問題とし，「彼（女）らの判断や行動が拠るべき基準としての価値や規範の構築」を目的としている。これに対し，行動倫理学アプローチは，「人間は理性に従って判断し，行動するとは限らない」という前提に基づいて，「非倫理的行動を行う人間の心理的な要因」に焦点を当てている（水村 2013, 7-8 頁）。

　これら 2 つのアプローチは，正反対の前提を立てていることから相容れないアプローチのようにも捉えられる。しかしながら，行動倫理学アプローチは応用倫理学アプローチを否定的に捉えるものではなく，行動倫理学アプローチは，応用倫理学アプローチが見落としていた倫理の死角に警鐘を鳴らす役割を担っているのである。そもそも人間は倫理的課題の存在を「認知」できるとは限らない。また，倫理的課題の存在を「認知」していたとしても，これに対する行動を「判断」し「意思決定」する際，「限定された倫理性」が作用することによって，非倫理的行動を行ってしまうことも有り得る。行動倫理学アプローチは，こうした応用倫理学アプローチに基づく，人間が倫理的行動を実践するプロセスのそれぞれの段階において陥穽に陥る可能性があることを示唆しているのである。この意味において，行動倫理学アプローチは，応用倫理学アプローチを補完しているといえよう。

　一方で，行動倫理学アプローチは「どのような行動が非倫理的行動か」を明らかにしていない。一般的な理解に従えば，非倫理的行動とは「法律に違反してはいないものの，社会通念上は望ましくない行動」である。しかし，この定義自体が非常に曖昧としているが故に，行動倫理学アプローチは，組織における個人が直面する倫理的課題に対する具体的な道筋を示すまでには至っていない（水村 2013, 8 頁）。これに対し，応用倫理学アプローチは，人間が倫理的

行動を実践するために一定の価値や基準を明示することから，行動倫理学アプローチの課題をある程度是正するために有効であるといえる。このことに鑑みれば，応用倫理学アプローチと行動倫理学アプローチは相互補完性を有していると理解することができ，これら両アプローチの統合可能性を見出すことができよう。

4-2　経営学アプローチと行動倫理学アプローチの統合

　経営学アプローチは，「企業と社会」論をその基礎としており，企業（あるいは組織）が社会の一員として，多様なステイクホルダーに対して，倫理的責任を負い，その履行が求められていることを念頭に議論が展開されてきた[3]。その背景には，企業の規模が拡大し，社会に与える影響も増大してきたことに伴い，企業が利益追求を第一とする事業活動を展開する過程で生じる非倫理的行動があった。この意味で，経営学アプローチは組織不祥事の歴史とともに展開されてきたといえよう。たとえば，1990 年代に発生した銀行による総会屋への利益供与や証券会社による粉飾決算は，企業にコンプライアンス意識を向上させることの重要性を認識させるひとつの契機となった。また，前述の「大和銀行ニューヨーク支店巨額損失事件」を発端として，社会から企業に対する説明責任（accountability）[4] を求める要請が高まった。このことに鑑み，日本では，2008 年 4 月から日本版 SOX 法（J-SOX 法）[5] が施行されるようになり，多くの企業が同様の組織不祥事を防止するために内部統制システムを構築することに注力するようになった。このように，経営学アプローチは，「組織不祥事」という実際に発生した事象に基づいて，同様の組織不祥事を防止するために「制度」を確立し，経営倫理の実践を図ってきた。しかし，本研究の中心的な課題としても取り上げているように「制度」を整えている企業（あるいは組織）が組織不祥事を引き起こすという事例は珍しいことではない。

　こうした背景には，応用倫理学アプローチと同様，経営学アプローチにも見落としている側面があると考えられる。もちろん，過去に発生した組織不祥事から学習し，自身の組織構成員が同様の倫理的課題に直面した際，彼（女）らがとるべき行動を教育することは大きな意義を有する。しかし，これが有効性を発揮するのは，組織構成員が「倫理的課題に直面した場合」である。つま

り，経営学アプローチは，応用倫理学アプローチと同様に「人間は倫理的課題に直面した際，それに気付く」ということを前提としていると考えられよう。さらに言えば，組織を取り巻く環境は日々変化しており，従来にはなかった新たな倫理的課題が生じることは十分に考えられる。こうした新たな倫理的課題を「組織構成員はどのようにして『認知』していくのか」という視点を経営学アプローチは見落としているように考えられる。したがって，行動倫理学アプローチは経営学アプローチに対しても補完的な効果を発揮するといえよう。

　一方で，経営学アプローチの視座もまた，行動倫理学アプローチに対して補完的な役割を果たす。すなわち，過去の事例における組織不祥事から「限定された倫理性」に基づく発生要因を抽出し，既存の「制度」に組み込むことは行動倫理学アプローチの議論をさらに深めることに繋がり，同時に経営倫理研究における同アプローチの意義を高めることになる。

4-3　行動倫理学アプローチの課題

　応用倫理学アプローチは，規範倫理学に基づいて「どのように行動するべきか」を「制度」として規定することを目的としている。つまり，経営倫理の「理論」の立場から「制度」にアプローチしているといえる。これに対し，経営学アプローチは，現実に発生した組織不祥事の発生要因を分析し，同様の組織不祥事を防止する仕組みを「制度」に取り入れることを目的としていることから，「実践」の立場から「制度」にアプローチしているといえよう。つまり，立場こそ違うものの，「どのように『制度』を構築するのか」がこれまでの経営倫理研究の主な焦点であったと理解される。

　しかし，ここに経営倫理の「理論」と「実践」との乖離を生み出す大きな要因がある。序論でも述べたように，経営倫理は「理論」，「制度」そして「実践」の３つの側面が相互補完的な関係を構築することではじめて有効性を発揮する。ここで，再度「理論」と「実践」の関係に目を向けてみると，「理論」によってある程度規定された善悪の基準を「実践」に反映し，「実践」を顧みることで「理論」を修正していく必要があるのである。しかし，実際には，「理論」を反映しているのは「制度」であり，「実践」を顧みているのもまた「制度」である。その結果，「理論」と「実践」の関係が希薄になり，乖離が生

じる要因となっていると考えられよう。

　行動倫理学アプローチは，こうした「制度」が「実践」される過程で生じる弊害を明らかにし，「制度」を構築することで留まっている様々な組織に新たな視座を示す点で意義があると考える。Bazerman と Tenbrunsel（2011b）は，組織がいかに倫理制度を整えたとしても，それを実行する組織や個人が，倫理の陥穽の存在を認知しなければ非倫理的行動を回避することは難しいと述べている（Bazerman and Tenbrunsel 2011b, p. 65）。したがって，組織リーダーは，倫理教育の場で，意思決定の際に生じる弊害（限定された倫理性）の存在を周知させることからはじめる必要があろう。

　しかしながら，行動倫理学アプローチは，非倫理的行動を行う人間の心理的要因を主たる研究対象のひとつと位置付け，組織におけるすべての個人が倫理的課題を「認知」するとは限らないことを明らかにしているものの，「経営倫理の基盤となる『制度』の有効性を高めるために，誰が，何を機軸として，どのように仕掛けるか」については言及していない（水村 2013, 8 頁）。Zhangと Bazerman ら（2014；2015）は，組織における非倫理的行動を防止する（あるいは，倫理の陥穽に陥る可能性を小さくする）ためには，組織構成員が非倫理的行動の存在を「認知」していることが重要であり，そのために組織は，組織構成員がビジネスに関する意思決定をする際に，「何のために」，そして「どのようにして」実行するのかを再考するよう求めることが重要であると主張している（Zhang, Fletcher, Gino and Bazerman 2015, p. 315）。加えて，組織がいかに「制度」を整えたところで，最終的にそれを「実践」するのは組織構成員個人であることから，個人の価値観（個人倫理）を組織の意思決定に組み込むために「制度」の再構築が必要であると同時に，こうした視点を組織リーダー，倫理制度の策定者，そしてひとりひとりの組織構成員がもつことの重要性を示唆している（Zhang, Gino and Bazerman 2014, p. 69）。

　このように，「なぜ人間の倫理的思考が倫理的行動からかけ離れてしまうのか」を明らかにし，倫理的行動を実践するための各プロセスにおける弊害を組織構成員に学習させることを目的とした倫理教育は大きな意義を有するであろう。また，従来の組織の視点を中心に議論が展開されてきた経営倫理研究に，個人の視点を加え，「組織の中に個人の価値観をどのように統合するのか」と

いう研究視座は，経営倫理の「理論」と「実践」の乖離問題を是正する手がかりになるといえるであろう。しかしながら，これを具体的に「どのようにして『制度』に組み込むのか」，そして「それを誰が，どのようにして評価するのか」に関して，今後さらに議論を深めていく必要があろう。

5　本章のまとめ

　本章では，第Ⅰ部で取り上げた従来の経営倫理研究の今日的課題を補完する役割を果たす行動倫理学アプローチに焦点を当て議論を展開してきた。

　従来の経営倫理研究は，「人はどのように行動するべきか」という倫理的思考をその研究対象としていた。つまり，組織やそれに属する個人が倫理的行動を実践する際のプロセスの中で，「判断」の段階に重点を置いていたと理解されよう。しかしながら，本章：第3節で確認したように，人間の行動は「限定された合理性」や「限定された倫理性」が作用することにより，思考が歪められた結果，非倫理的行動を行ってしまうことも有り得る。行動倫理学アプローチは，こうした人間の「判断」から「意思決定」の段階に移行する際に生じる「思考」と「行動」の乖離に焦点を当て，これが生じる心理的要因を明らかにすることを目的としている。

　井上（1998）は，「人間は善でも悪でもなく，弱いものである」という「人間性弱説」を主張している（井上 1998, 140頁）。言い換えれば，倫理的思考を有する人間であっても，置かれた状況によって善にも悪にも行く可能性があるのである。応用倫理学アプローチであれ，経営学アプローチであれ，倫理的行動を実践するプロセスにおける「判断」の段階に焦点を当て，議論を展開することの意義はいうまでもないであろう。しかし，倫理制度は「実践」されてはじめて有効性を発揮するのである。行動倫理学アプローチは，こうした倫理制度に基づいて倫理的行動を実践しようとする人間（倫理的思考を有する人間）に生じうる弊害を明らかにすることで，従来の経営倫理研究が見落としていた側面に焦点を当てている。かかることに鑑みれば，従来の経営倫理研究に行動倫理学の視座を加えることの意義を見出すことができる。

　加えて，行動倫理学アプローチは，「個人」を強く意識して議論が展開され

ているが，「限定された倫理性」は，個人の行動のみならず，組織の行動にも
影響を与える。とりわけ，医療法人のような外部との閉鎖性があり，組織内で
の集団の独立性が高い組織においては，他の組織以上に心理的なバイアスが作
用する危険性が高いであろう。こうした医療法人における「個人」と「組織」
の双方に「限定された倫理性」が作用し，個人倫理，あるいは組織倫理が歪
められてしまった場合に，それを正す役割を担うのが，専門職団体（専門職倫
理）である。しかしながら，専門職団体もまたひとつの組織である以上，これ
における「組織」，「個人」の両側面に「限定された倫理性」が作用することも
十分考えられる。かかる理解を踏まえれば，行動倫理学アプローチは，「個人
倫理」のみならず，「組織倫理」や「専門職倫理」とも関連しており，かかる
アプローチの意義を見出すことができよう。

　一方で，本章において「限定された倫理性」を考慮した倫理制度を構築する
ことの意義を主張したものの，実際にこれをどのように「実践」に結びつける
のかについては深く言及していない。置かれた状況によって変化する人間の倫
理意識をいかにして倫理的行動へと導くのか。第 8 章では，倫理制度として，
組織構成員の倫理的行動を促進する仕組みである「学習」あるいは「教育」の
側面に焦点を当て，本章第 4 節において論じた従来の経営倫理研究の視座（応
用倫理学アプローチと経営学アプローチ）と行動倫理学の視座との統合アプ
ローチをいかにして実践するのかを考察していく。

　また，行動倫理学アプローチは，個人の心理的要因に焦点を当てている。
これは，従来の経営倫理研究が倫理制度を整えることによって，「組織」から
「個人」への一方的に倫理の浸透を促していたことに対し，「個人」の視点も
取り入れ，「組織」と「個人」の「対話」・「関与」を通じた相互コミュニケー
ションが重要であることを示唆していると捉えることができよう。倫理教育
や倫理相談などの「制度」は，「理論」と「実践」を結ぶ架け橋であると同時
に，「組織」と「個人」を結ぶ役割も担う。「理論」と「実践」の統合に加え，
組織と個人とをいかにして統合していくのか，さらに言えば，組織が経営倫理
を実践していく上で，他のステイクホルダーとどのような関係を構築していく
必要があるのか，第 8 章では「対話」と「関与」の概念を用いた討議倫理の議
論を踏まえて，かかる問題に関して考察していくこととする。

注：
1 2013年10月，阪急阪神ホテルズのホテル内レストランにおいて，メニュー表示と異なる食材を使用した料理が顧客に提供されていることが相次いで発覚し，同社に対する社会からの信頼が著しく損なわれた。かかるメニュー偽装の中には，「不当景品類及び不当表示防止法」に抵触する明らかな犯罪行為が含まれていたが，一方で「明らかに法令違反とまでは言えないが，消費者の立場から見て，提供を受ける料理の選択において不当な影響を与え得る可能性のあるもの」に含まれるものもあった（阪急阪神ホテルズにおけるメニュー表示の適切化に関する第三者委員会 2014, 16頁）。水村（2015）はこの事件の発生要因に関して，メニューの表示を気にしていたのにもかかわらず，他部門への気兼ねなどもあり，表示の改善提案にまで至らなかったこと（内集団びいき），あるいは，他部門の決定に口出ししないことが暗黙の了解になっていたこと（組織文化の影響）を挙げている（水村 2015, 6頁）。
2 本表を作成するにあたり，松井亮太（2018）「東電トラブル隠し事件と福島原発事故を再考する―行動倫理学の観点から―」日本経営倫理学会第3回若手研究者育成研究部会（2018年3月31日開催）報告資料を参考にした。
3 とりわけ，企業が多様なステイクホルダーに対して負う倫理的責任に関しては，第1章：表1-3を参照されたい。
4 "accountability" という語句は，株式会社制度の下において，経営者が会計報告を行うことを意味するため，「会計責任」という訳語を当てることもある。しかし，この語句の有する「財務的」な性格を超えて，企業の「社会的」性格を含めることによって，概念の拡充を図ることもある（出見世 1997, 48頁）ため，本研究においてこれを「説明責任」と訳する。説明責任（accountability）に関しては，出見世信之（1997）を参照されたい。
5 正確には，日本版SOX法（J-SOX法）という法律はなく，金融商品取引法において定められている上場企業に対する内部統制報告書の提出義務，及び内部統制報告書に対する公認会計士または監査法人による監査証明の義務の箇所を指す。

第 8 章

医療事故を防止するための施策

1　本章の目的

　第7章では，従来の経営倫理研究と行動倫理学を統合することによって，これまで主に「意思決定」の段階に焦点が当てられてきたことに対し，倫理的行動を実践するプロセス全体に焦点を当てることの意義を主張してきた。しかしながら，行動倫理学アプローチの課題でもあるように，前述の統合アプローチを実際にどのように組織構成員の行動レベルにまで浸透させうるのか，言い換えればこの統合アプローチをいかにして実践するのかという点が課題として挙げられる。

　そこで，本章では統合アプローチを組織における「学習」，あるいは「教育」の側面に適用することで，組織構成員の倫理的行動を促進する上での有効性を考察する。倫理教育に関しては従来の経営倫理研究においてもその重要性は主張されており，個々の組織においてもすでに行われていることである。しかしながら，倫理制度と同様に，倫理教育を行っている組織において組織不祥事が発生することも決して珍しいことではない。すなわち，既存の倫理教育にも従来の経営倫理研究同様に不足していた点があるのではないだろうか。かかる理解を踏まえ，本章では既存の倫理教育に統合アプローチを適用し，その不足していた点を補うダブル・ループ学習の意義を主張する。

　こうした倫理教育を通じ，組織構成員が経営倫理を実践していくためには彼（女）らの個人倫理をいかにして向上させるか，あるいは組織倫理と個人倫理とをいかにして統合するのかが重要な課題となる。「倫理」が極めて曖昧な概

念であること，そして組織倫理も個人倫理も所与のものではなく，経験や環境の変化を通じて醸成されていくものである以上，これらの統合を図るためには組織と個人の協調が不可欠である。このことに鑑み，Habermas の討議倫理における対話（diskurse）の重要性を考察する。

　加えて，本研究では，とりわけ組織と個人の関係に焦点を当て，組織内部での議論を中心に展開してきた。しかしながら，今日，組織が社会の中で持続的に経営を行っていくためには，他のステイクホルダーとの関係を軽視することはできない。とりわけ，本研究において主たる対象としてきた医療法人は政府や企業，さらには専門職団体など他のステイクホルダーと非常に密接に繋がっている。その上で，医療法人が経営倫理を実践していくためには他のステイクホルダーとどのような関係を構築していく必要があるのか，また経営倫理の枠組みでは捉えきれない問題としてなにがありうるのかを論じていくこととする。

2　ダブル・ループ学習による統合アプローチの実践

　従来の経営倫理研究においても，ケース・スタディを用いた倫理教育を組織構成員に行うことによって，彼（女）らの倫理的行動を促進し，同時に非倫理的行動，ひいては組織不祥事の防止に注力している。しかしながら，こうした倫理教育を行っている組織において，組織不祥事が発生することも十分有り得ることである。このことに鑑み，本節では，そもそも組織における「学習」，あるいは「教育」とはどういったことであるのか，ということを「組織学習」の概念を用いて定義する。このことに加え，従来の倫理教育の限界を考察するとともに，ダブル・ループ学習によって，これをどこまで是正することができるのかを考察する。

2-1　組織学習とはなにか

　広義には，「学習」とは「経験の結果としてのある程度永続的な行動の変容」（相良・能見 1976, 1頁），または「諸経験を通じて，環境との関係のもち方，環境への対処の仕方，環境への働きかけ方が習得されていく現象・過程」

（金城 1992, 14 頁）と定義される。広義の「学習」には，必ずしも知識を習得したり，これを発展させたりすることだけを意味するのではない。すなわち，「様々な経験を通じて，知らず知らずのうちに何かが身につく，あるいはできるようになることや，いつの間にか何かをするようになる・憶えるようになることをも意味している」のであり，「そこには必ずしも意識的な努力が伴わなくても，無意識のうちに適応的機能が備わってくるというニュアンスがあり，この意味において『発達』と同義的な意味が含まれている」（金城 1992, 14 頁）のである。

　これに対し，狭義の「学習」とは，「社会的，教育的，価値的な側面から『学習』に関心をもつ人々の要求にできるだけ応える」（東 1977, 3 頁）という立場の下で，これを「何か積極的に価値のある知識，技能，思考，そして行動の様式などを身に付けるために意図的な努力をすること」（東 1977, 1 頁），あるいは「技能や知識，またはものの考え方が習得されていく現象ないし過程」（金城 1992, 3 頁）と定義される。端的に言えば，広義の学習とは，感覚的に身に付け，無意識にできるようになること（身体で憶える）であり，狭義の学習とは，習得した知識や技術を積み重ねによって深化させたり，あるいは他者へと広めたりすること（頭で憶える）である（白石 2009, 237 頁）。

　組織において，経営倫理を実践していくためには狭義の「学習」に焦点を当てることが重要であると考える。勉強やスポーツにおける知識や技術は，意識的に努力を重ね，無意識にそれらを活かすことができるようになること（狭義の「学習」から「広義」の学習への拡大）が理想であろう。しかし，無意識な倫理的行動は，それが倫理的な結果を導いたとしても，第 2 章：3-2 で述べた功利主義の課題と同様に，短期的な行動に終始してしまい，継続的に倫理的行動を実践できるとは限らないという問題に帰着するからである。加えて，第 2 章：第 4 節で取り上げた徳倫理の議論のように，倫理的行動を継続的に実践することのできる人間（有徳な人間）に求められるのは，思考と行動の一致であることからも，組織における倫理教育では，狭義の「学習」に焦点を当てることが重要であるということができよう。

　組織学習とは，「組織の新たな秩序（価値）を形成するプロセス」であり，組織は環境との「対他的」な関係と組織内部との「対自的」な関係の両方にわ

たって学習することになる。ここで重要なことは，組織学習は個人（組織構成員）を通じて行われることであるが，組織構成員の個人学習の累積・総和ではないということである（山下 2005, 25頁）。このことから，ひとつの組織における組織倫理は，組織構成員らの個人倫理によって形成されているものの，彼（女）らの個人倫理の総和が，組織倫理とは必ずしもならない。だからこそ，組織が経営倫理を実践していくためには，組織構成員の個人倫理を向上させる倫理教育のみならず，組織学習を通じて組織倫理も向上させていく必要がある。そこで有効であると考えられるのが，以下で述べるダブル・ループ学習であろう。

2-2　シングル・ループ学習の限界

　倫理教育の場における統合アプローチの実践には，ダブル・ループ学習の援用が有効であろう。シングル・ループ学習（Single-Loop Learning）では，組織の目標やルール，そして体制などを変更せず，これらを所与のものとして，行動を修正することで組織構成員の倫理的行動を促進する（白石 2009, 243頁）。こうしたシングル・ループ学習しか存在しない組織では，組織の構造や秩序（組織倫理）がより強化され，外部環境の変化に伴い，組織の不適応が深刻化する。とりわけ，医療法人のような組織の独立性，さらには組織内における集団の独立性が高い組織では，より閉鎖性が強化され，組織内で生じる倫理的課題への柔軟な対応が困難になる。

　加えて，シングル・ループ学習では，組織の目標やルールを所与のものとしていることから，教育を受ける立場に当たる組織構成員の意識は受動的になる傾向がある。したがって，組織の管理者は倫理制度の策定者が，組織構成員に対して組織倫理を押し付けることとなり，これは同時に彼（女）らの個人倫理を軽視することになる。医療法人という個々の医療従事者の権力や影響力が大きい現場において，シングル・ループ教育を通じて，一定の基準（組織倫理）を与えることは，彼（女）らの権力の暴走を防止するためには有効であるかもしれないが，組織倫理と医療従事者らの個人倫理との乖離を拡大させる危険性を有しており，倫理教育の有効性すらも失ってしまうことに繋がりかねない。第Ⅱ部において主張したように，医療法人が経営倫理を実践していくために

は，医療従事者の個人倫理を考慮することは必須である。このことに鑑み，医療法人において経営倫理の統合アプローチを実践していくためにはシングル・ループ学習に加え，ダブル・ループ学習の実践が重要であろう。

2-3　ダブル・ループ学習の意義

　ダブル・ループ学習とは，「組織が様々な活動の内容とその結果を評価するために，現在使っている論理の妥当性を検討し，それが妥当性を失っている場合には，新しいものに置き換えるプロセス」（Argyris and Schoen 1978, p. 19）と定義される。シングル・ループ学習に対し，ダブル・ループ学習では，前提となる価値体系や目標も考察対象となり，問題の解決に必要な場合はこれらの修正や廃棄も行われる。したがって，ダブル・ループ学習を実践する組織では，構造やプロセスの革新（innovation）が行われる（白石 2009, 243 頁）。さらに，組織の外部環境への適応との関連で言えば，シングル・ループ学習は短期適応（ルールの適切な操作によって，既存の倫理制度の枠組み内で行われる適応）をもたらし，ダブル・ループ学習は，長期適応（一般的問題解決過程を通じた倫理制度自体の変更を伴って行われる適応）をもたらす（桑田 1983, 2 頁）。図 8-1 は，シングル・ループ学習とダブル・ループ学習をそれぞれ表したものである。

　医療法人における経営倫理の実践においては，とりわけダブル・ループ学習が有効であろう。シングル・ループ学習は，結果により行動を省みて，組織構成員の倫理的行動を促進するが，「医療」の現場において，たとえば，同じ病気を患っている患者であったとしても，患者の年齢，体調，病気の進行具合，または患者自身の意向によって，最善の治療行為は変わってくる。したがって，シングル・ループ学習による教育，すなわち，「このような場合には，こう対応する」といった，ある意味で感覚的に倫理的行動を促すことは，適さないと考えられる。したがって，ダブル・ループ学習によって，倫理制度そのものを常に見直し，外部環境に適応していくことを通じた倫理教育が必要であろう。

　倫理教育において，最も重要なことは，組織構成員の自発的な関与（engagement）である。前述のように，組織倫理とは所与のものではなく，

図 8-1　シングル・ループ学習とダブル・ループ学習

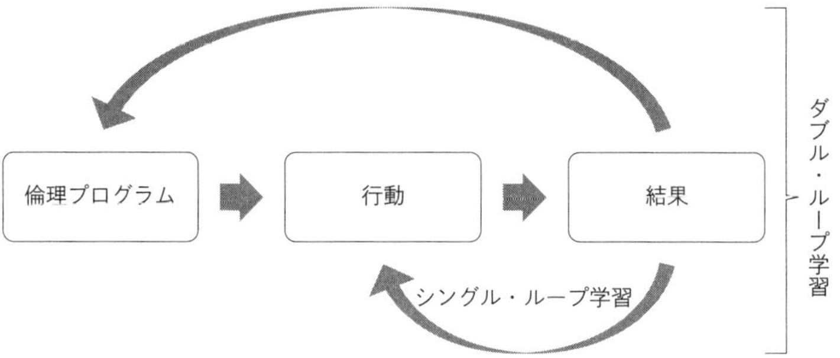

出所：筆者作成。

　組織構成員らによって徐々に形成・変化していくものである。言い換えれば，組織倫理が，組織構成員の個人倫理に影響を与えるように，彼（女）らの個人倫理もまた，組織倫理に影響を与えているのである。したがって，倫理教育を受ける彼（女）らもまた組織倫理を形成・変化させ，組織が外部環境へと適応していくための倫理制度を構築していく一員であるという意識が求められる。つまり，倫理教育を行うためにはまず，組織倫理と個人倫理との統合を図ることが重要であり，このことを通じて初めて倫理教育が有効性を発揮するといえよう。かかる理解に鑑み，次節では，組織と個人の「対話（discourse）」・「関与」の重要性を討議倫理（discourse ethics）に基づいて考察していく。

3　組織と個人の「対話」と「関与」：討議倫理の意義

　組織における倫理教育が有効性を発揮するためには，組織構成員の自発的な組織への関与が不可欠である。本節では，Habermas の討議倫理に関する議論に基づき，組織と個人とが相互にコミュニケーションを行うことの重要性を示唆することを目的する。従来の経営倫理研究における倫理制度は，組織の管理者，あるいは特定の組織構成員が倫理制度を整備・確立し，倫理教育を通じて他の組織構成員へと浸透させる枠組みであった。しかしながら，前節でも述べたように，組織倫理とは所与のものではなく，すべての組織構成員の個人倫理からの影響を受けることによって，形成ならびに日々変化していくものであ

る。かかる理解を踏まえれば，討議倫理における対話と関与の概念は，組織倫理と個人倫理との統合を図る上でも重要な概念であると理解することができよう。

3-1　討議倫理の特徴

　第2章：2-1で述べたように，Kantは規範の妥当性の根拠を規範の形式にのみ求め，それを「定言命法」として定式化した。これによりKantは普遍的な道徳律の存在を主張したのである。しかしながら，倫理とは極めて曖昧な概念であるが故に，個人や組織に求められる行動が必ずしも普遍的であるとは限らない。これに対し，Habermasは，討議倫理の原則を普遍化原則と討議原則とに分類した（日暮2005, 52頁）。

　普遍化原則とは，「ある規範によって判断を下す者は誰であっても，他の誰かが同じような状況に置かれたときに同じ規範を奉ずる」（Habermas 1983, p. 75）ものであり，それ故，普遍化原則とは「その普遍的な遵守において，すべての諸個人の利害関心の充足にとって生じる（さらに予期し得る）結果や副次結果を，すべての関与者が受け入れうること，加えて，代わりとなる他の可能な規則から生じる結果よりも望ましいものとし得ること」（Habermas 1983, p. 73）と定式化されている。すわなち，Habermasは，ある規則における妥当性をすべての関与者が承認して初めて普遍的となることを主張し，この意味においてKantの主張をより深化させたと捉えることができよう。

　他方，討議原則とは，Alexy（1978）の討議における3つの先行条件に基づいて定式化される。第一に，討議への参加に関わる規則であり，「話すことができるものは誰でも討議に参加して良い」，第二に，討議参加者の自由を規則化している。すなわち，「誰もが，どんな主張を問題化しても良く，誰もが，どんな主張を討議に持ち込んでも良く，そして，誰もが，自分の立場や希望，あるいは欲求を表明しても良い」という規則である。最後に，「どの話し手も，討議の内外を支配している強制によって，第一，第二の規則によって確定された自身の権利を行使することを妨げられない」という討議を強制から守る規則である（Alexy 1978, p. 168）。

　討議倫理の議論では倫理制度の確立，そしてその運用における組織の管理者

や倫理制度の策定者と他の組織構成員とのコミュニケーションの重要性を示唆している。既存の倫理制度，あるいはその浸透を目的とした組織構成員への倫理教育は，組織の管理者（あるいは倫理制度の策定者）から他の組織構成員への一方的な教育であった。しかしながら，討議倫理における2つの原則に基づき，組織におけるすべての組織構成員（関与者）らが現行の倫理制度の是非，あるいは倫理的課題への対応を模索していくことが経営倫理の実践における第一歩であろう。

3-2　「対話」と「関与」の重要性

　Habermas の主張によれば，経営倫理の実践には，討議が基本的意義をもち，対話を通じた討議は，それが一般に社会から期待されるほどに制度化されれば，社会にとって体系的に重要な学習メカニズムになると理解することができる（朝倉 2004, 19 頁）。したがって，経営倫理の実践において，その根底に存在するのは，組織の管理者（あるいは倫理制度の策定者）と他の組織構成員との「対話」であるといえよう。言い換えれば，組織の管理者（あるいは倫理制度の策定者）は，他の組織構成員との「対話」を通じて倫理制度を構築し，それをすべての組織構成員に浸透させることが求められる。つまり，組織の管理者（あるいは倫理制度の策定者）は，単に倫理制度を構築することに満足してはならない。また，倫理制度とは，組織構成員を「統制」するものでもない。重要なことは，すべての組織構成員が当事者意識をもつことである。すなわち，すべての組織構成員が「適合」・「調和」することのできる倫理制度を構築することが，組織の管理者（あるいは倫理制度の策定者）の課題であろう。

　他方で，組織構成員もまた，組織への自発的な関与が求められる。ここで重要なことは，自発的な関与とは，組織の倫理教育に積極的に参加し，倫理的行動を実践しようとする意識だけではない。より重要なことは，既存の倫理制度が正しいのか，そしてそれを組織構成員への浸透させる上での重要な役割を担う倫理教育のあり方はどうか，という組織のあり方を外部環境の変化に適応させることができるように変化させていく意識である。こうした組織と個人との相互コミュニケーションが行うことのできる場を構築することが，ダブル・ループ学習を実践する上で重要であり，組織が経営倫理を実践していくための

基盤となると考えられる。

3-3 組織倫理と個人倫理の統合

　本節では，組織の管理者（あるいは倫理制度の策定者）と他の組織構成員との相互コミュニケーション（「対話」と「関与」）の重要性を主張し，これが組織における経営倫理の実践の基盤となることを示唆した。Morland（2008）は，倫理制度の確立に関して，組織の管理者（あるいは倫理制度の策定者）は，「どのような倫理制度であれば，構成員は「適合」・「調和」することができるのかを考える必要がある」（Morland 2008, p. 238）と述べている。このことは，Habermas の主張する対話と関与の概念とも同様に，組織と個人のどちらかが一方的に組織倫理を形成していくのではなく，相互コミュニケーションを通じて「共創（co-creation）」していくことの重要性を示唆していると捉えることができよう。この意味で，Habermas や Morland の主張は，組織倫理と個人倫理との統合を図ることの意義を示していると理解できる。

　このことは，組織内部における倫理制度に限らず，より広い範囲での制度にも同様のことがいえよう。たとえば，第3章：4-3で取り上げた「医療事故調査制度」のように，いかに政府が社会の利益に繋がるような制度を整備・確立したとしても，それを実践する組織（医療法人）が適合・調和できなければ意味をもたなくなってしまう。このことに鑑みれば，対話と関与の概念は，組織と個人との関係にのみならず，組織と組織との関係においても重要な概念といえよう。

　加えて，本節ではとりわけ，組織における縦の関係（上位者と他の組織構成員）に焦点を当てて議論を展開してきたが，医療法人における経営倫理の実践には，こうした縦の関係での相互コミュニケーションと同時に，横の関係，すなわち集団と集団，あるいは個人と個人との相互コミュニケーションも重要である。第Ⅱ部において論じてきたように，医療事故の本質的な発生要因には，医療従事者の専門性から生じる内部の閉鎖性が大きな影響を与えていた。だからこそ，集団と集団（あるいは個人と個人）との対話と関与を図り，組織倫理を共有する場の提供として，倫理教育を行っていくことが必要であろう。

4　組織と外部ステイクホルダーの「対話」と「関与」

　前節では，とりわけ組織の内部に焦点を当て，組織における縦の関係と横の関係での相互コミュニケーションを通じて，組織倫理と個人倫理とを統合することの重要性を示唆してきた。しかしながら，今日，社会において組織が持続的に活動を行っていくためには，他のステイクホルダーとの関わりは不可欠である。とりわけ，第Ⅱ部において論じてきたように，医療法人は政府をはじめとする他のステイクホルダーから大きな影響を受けている。したがって，経営倫理の実践においても，他のステイクホルダーとどのような関係を築くのかという問題は軽視することはできない。加えて，医療従事者は，組織倫理と個人倫理に加え，個々の専門職団体によって示される専門職倫理からも影響を受けることで，行動が規定されている。

　かかる理解に鑑み，本節では，マテリアリティ（materiality）の概念を用いて，医療法人は他のステイクホルダーとどのように関係を構築していくことが求められるのか，そして医療従事者の組織倫理，個人倫理および専門職倫理という属性の異なる3つの倫理の統合を図る上で，専門職団体に求められる役割と課題を考察する。

4-1　マテリアリティの概念

　近年，SRI（Socially Responsible Investment：社会的責任投資）においてマテリアリティの概念を中心に議論する流れができている（河口 2005, 3頁）。マテリアリティの概念はこれまで，会計学の領域で取り入れられてきた。会計原則は，長期の会計実践の中で，会計慣行として発達したものの中から，一般に公正妥当として認められるものを要約したものであるが，会計処理を行う会計担当者の会計判断が，依拠すべき準拠枠の提供や企業会計に関する法律，または規則などの制定にあたって有力な指針となるなど，今日の企業会計に大きな影響を与えている（大田 2012, 38頁）。

　ここでのマテリアリティの原則は，企業の財務情報をステイクホルダーに提供する際に，情報利用者の判断を誤らせないようにするため，重要性の乏しい

項目について本来の会計処理または表示方法に依らないで，他の簡潔な方法を選択することを認めている。他方，重要性の高い項目について詳細かつ明瞭な表示を行うことを求めている原則である（大田 2012, 38 頁）。他方，SRI の議論においては，マテリアリティは「個々の CSR 活動が，企業価値に与える実質的，あるいは具体的な影響」と定義されている（河口 2005, 3 頁）。端的に言えば，マテリアリティとは，個々のステイクホルダーの「重要性」あるいは「重み付け」であると理解することができよう。

　今日，組織が持続的に活動を行っていくためには，様々なステイクホルダーの要求や期待を複合し，一元的に取り扱うことが求められている。しかしながら，実際にはステイクホルダーの要求や期待は多岐にわたり，ときにそれが相反することもある。したがって，そのすべてを経営において実現することは困難である。そこで重要となるのが，ステイクホルダーごとの重み付けを図るマテリアリティの概念である。医療法人はその社会的使命が「人々の健康の維持・増進」であることから，最も重要なステイクホルダーは患者であるといえよう。しかしながら，常に患者のことのみを考慮していれば良いということではない。医療行為を行う医療従事者の健康への配慮，政府や医療に携わる企業との共同，さらには地域社会への啓蒙活動を通じて病気の予防を促すことも重要な使命である。こうした状況において，普遍的な重み付けを行うのではなく，他のステイクホルダーとの相互コミュニケーション（対話と関与）を通じて，状況に応じて柔軟にステイクホルダーのマテリアリティを考慮していくことが重要であると考える。

4-2　組織倫理，個人倫理および専門職倫理の統合

　医療従事者は，個人倫理と組織倫理に加え，専門職倫理も求められている。しかしながら，千葉県がんセンターで発生した医療事故（第5章：4-2参照）に関する第三者委員会の報告書をみてみると，「専門職倫理」に関する記述はほとんどなく，群大病院で発生した医療事故（第4章：4-3参照）の医療事故調査委員会にも日本医師会など，専門職団体が深く関与していないことに鑑みれば，こうした専門職倫理がどこまで医療従事者の行動を規定しているかは疑問の残るところである。このことに鑑み，第5章では，日本医師会をはじめ

とする専門職団体が，個々の医療法人と同等の制度を確立し，組織倫理や個人
倫理の欠如に基づく非倫理的行動を牽制・防止する役割を担う必要性を主張し
た。そのためには，公共性や医療従事者の社会的使命に基づいて，患者を優先
する精神を主張するだけでは不十分である。医療法人は非営利原則に基づく公
共性の高い組織ではあるが，決して慈善団体ではない。したがって，医療法人
が患者の利益（さらに言えば社会の利益）に資する倫理的行動を実践すること
ができるような環境づくりに注力をすることもまた，専門職団体に求められる
役割であると考える。

　ここで重要なことは，医療法人と専門職団体との「対話」・「関与」である。
専門職団体が単に具体的な行動を規定した制度を確立し，その実践を医療法人
に求めたとしても，制度の上にさらに制度を重ねることに終始してしまう。し
たがって，医療法人が適合・調和することの倫理制度を確立し，仮に医療法人
における組織倫理や医療従事者らの個人倫理が歪んでしまった場合に，それを
修正し，非倫理的行動を牽制することに効果的な専門職倫理を医療法人と専門
職団体とが協調してつくりあげていくことが必要であろう。

　エプスタイン（1996）は，経営倫理の実践には公的規制と自主規制が相互に
結びつけられることが重要であると述べている（エプスタイン 1996, 178 頁）。
公的規制とは政府によって確立され，施行される諸基準である。一方，自主規

図 8-2　個人倫理，組織倫理および専門職倫理の統合

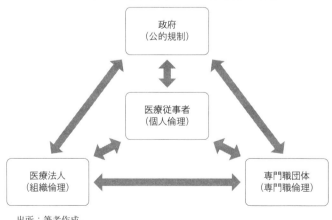

出所：筆者作成。

制とは，組織が単独で整備・確立する倫理制度のみならず，業界団体や専門職団体が確立する特定の組織に適用される規制も含まれる（エプスタイン 1996, 179-182 頁）。したがって，医療法人において経営倫理を実践していくためには，政府，専門職団体との相互コミュニケーションを通じて，既存の制度のあり方を見直し，医療従事者らが倫理的行動を実践するための基盤となる，組織倫理，個人倫理，そして専門職倫理の統合を図ることが重要であろう（図 8-2）。その上で，医療従事者らは，患者やその家族との「対話」・「関与」によって，相互理解を深めていくことに努めることが医療事故の防止へと繋がると考える。

4-3　経営倫理の実践の意義と限界

　医療法人における経営倫理の実践を考察する上で，本研究では「医療」という分野において重要な倫理的課題事項のひとつである医療倫理，あるいは生命倫理の問題を対象外としてきた。なぜなら，これらの問題（臓器移植，安楽死，妊娠中絶の是非など）は，臓器の提供者や患者の価値観（個人倫理）によって判断されるものであり，本研究において，その是非を議論することは論旨と異なるからである。しかしながら，こうした医療倫理や生命倫理をめぐる倫理的課題事項においても，医療従事者と患者との相互コミュニケーションを通じた，互いの承認を得ることが重要であり，この意味で医療法人における経営倫理の実践の意義を主張することができる。

　繰り返しになるが，「医療」とは完成された技術ではなく，常に手術におけるリスクや医薬品の副作用といった不完全性を有している。したがって，医療法人が経営倫理を実践し，個々の医療従事者が倫理的行動を実践したとしても，医療事故を完全に防止することは困難である。しかしながら，本章において示唆した対話と関与の概念を用いた倫理教育を行うことで，組織内の閉鎖性を緩和させることによって，医療従事者間（あるいは集団間）での情報共有を図ることができる。これにより，第 6 章：2-2 で取り上げた医療事故の発生要因である，「確認・観察を怠った」，「判断を誤った」，あるいは「連携がとれていなかった」などの問題を解消することに繋がる。

　他方で，第 4 章：2-2 で取り上げたように，医療法改正により「医師または

歯科医師」でなくとも医療法人における組織の管理者（経営者）になることができるようになったものの，これが浸透していないことが課題として指摘された。こうした「医療」の専門家であっても「経営」の専門家ではない組織の管理者を，「だれが」，「どのように」監視・牽制するのかというガバナンス（governance）の議論も必要であろう。しかしながら，企業を対象として活発に議論されているガバナンス（Corporate Governance：企業統治）と医療法人を対象としたガバナンス（Medical Governance）[1] とでは，その対象が組織の構造自体異なることから，企業統治の議論をどこまで援用することができるのかという点には留意が必要であろう。

5　本章のまとめ

　本章では，経営倫理の統合アプローチを実践していく手法として，組織におけるダブル・ループ学習の意義を考察するとともに，その基盤となる組織と個人の関係構築に言及してきた。とりわけ，本研究において主たる対象としてきた医療法人は，その社会的使命，あるいは医療事故の影響の大きさに鑑みれば，経営倫理の実践が他の組織以上に求められると考える。他方で，その組織構造に目を向けてみると，多種多様な専門職従事者によって構成されることから，組織内部に閉鎖性が生じやすく，これが医療事故の本質的要因にもなっている。こうした状況において，Habermas の主張した「対話」と「関与」の概念が有効である。すなわち，従来の経営倫理研究における倫理教育では，組織の管理者（あるいは倫理制度の策定者）から他の組織構成員への一方的な組織倫理の浸透であったが，対話と関与の概念を援用した倫理教育では，彼（女）らが相互コミュニケーションを通じて，組織倫理を共創することに繋がる。加えて，高い独立性を有する個々の医療従事者（または個々の集団）間の相互コミュニケーションを図る場としての倫理教育を実践することによって，組織内の閉鎖性を緩和することにも繋がることを示唆した。

　また，医療法人は，「人々の健康の維持・増進」を社会的使命としていることから，患者を最も優先するべきステイクホルダーと位置付けることが求められる。しかしながら，医療法人は高い公共性を有しているものの，決して慈善

団体ではない。だからこそ，他のステイクホルダー，とりわけ政府，医療従事者，専門職団体，医療に携わる企業，さらには地域社会など様々なステイクホルダーへの配慮・協調が不可欠である。この意味において，組織内部における閉鎖性のみならず，組織外部との閉鎖性を緩和させる上でも対話・関与の概念は重要である。同時に，日々変化する外部環境，または個々の倫理的課題への対応を考える際，そうしたステイクホルダーの重み付けを図り，状況に応じた倫理的行動を実践していくことが必要であろう。

　本研究において，医療法人における経営倫理の実践に関して，「医療事故の防止」に焦点を当てて議論を展開してきた。しかしながら，第4章で取り上げたように，医療法人を取り巻く諸問題は他にも存在している。とりわけ，非営利原則に基づく医療法人の経営赤字や医師不足によって引き起こされる医療従事者の過重労働は，「医療」の現場における喫緊の課題事項である。こうした課題事項は，政府の整備する制度や法律の影響が大きく反映されており，医療法人単独がいかに経営倫理の実践を試みたとしても解決することが困難である。

　したがって，医療法人のみならず，「医療」に携わるすべての主体が，相互コミュニケーションを通じて，今一度現行の制度を見直し，社会に適応していく必要があると考える。

注：
1　メディカル・ガバナンスの議論に関しては，本研究の対象外としているため，小島（2008）を参照されたい。

第Ⅲ部 小活

経営倫理の実践と統合アプローチの可能性

　第Ⅲ部では，経営倫理の理論的側面における今日的課題（第Ⅰ部参照）と，医療法人における経営倫理の実践上の諸問題（第Ⅱ部参照）とを統合的に捉え，医療法人が，医療事故を防止するためにどのようにして経営倫理を実践していくのかに関して論じてきた。

　第7章では，従来の経営倫理研究が見落としていた点を補完する役割として，行動倫理学の視座を加えることを示唆した。従来の経営倫理研究は，応用倫理学アプローチであれ，経営学アプローチであれ，組織不祥事の防止をするために，倫理的行動を実践するプロセスにおける「判断」の段階に焦点を当てた議論が中心であったといえよう。しかしながら，第7章：第2節で論じたように，人間は頭では「とるべき行動」を理解していたとしても，それを実践できるかどうかは別の問題なのである。行動倫理学アプローチは，かかる前提に立ち，「判断」から「行動」に移行する際の「意思決定」の段階において，倫理的思考と倫理的行動とを乖離させる要因（限定された倫理性）を明らかにすることを目的としている。

　もちろん，第Ⅰ部で述べたように，「判断」の段階に焦点を当て，倫理的行動を促進するための一定の指針を示すことも重要である。加えて，行動倫理学アプローチは，「限定された倫理性」が生じるメカニズムについて言及しているものの，これを是正するために，すなわち，組織における個人が倫理的課題にどのように対応するのか，といった具体的な道筋を示すまでには至っていない。これらのことに鑑みれば，従来の経営倫理研究（応用倫理学アプローチと経営学アプローチ）と行動倫理学アプローチは，相互補完的な関係にあると考

えることができ，これらを統合したアプローチの有用性を主張することができ
よう。

　第8章では，前述の経営倫理研究における統合アプローチを実践していくた
めの施策として「学習」あるいは「教育」の側面に焦点を当てて議論を展開し
た。倫理教育の場における統合アプローチの実践に際して重要なことは，組織
の目標やルールを所与のものとするシングル・ループ学習に加え，倫理制度そ
のものを見直し，外部環境に適応していくことを意識したダブル・ループ学習
の実践である。

　さらに，こうした倫理教育を実践していくためには，組織の管理者（あるい
は倫理制度の策定者）のみならず，他の組織構成員もまた意識を変革していく
ことが求められる。このことに鑑み，第8章：第2節では，Habermas の主張
する討議倫理に関する議論を基盤とした，組織における「対話」と「関与」を
通じた相互コミュニケーションの重要性を示唆した。とりわけ，本研究の主た
る研究対象である医療法人は，様々な専門職従事者によって構成されているこ
とから，こうした相互コミュニケーションを行うことは，専門性の高さに起因
する内部の「閉鎖性」を緩和することにも繋がる。これにより，組織内での情
報共有を促進することができ，前述のダブル・ループ学習を実践する上での基
盤づくりと，医療事故の防止するための第一歩になると考えられる。他方で，
医療法人が経営倫理を実践していくためには，組織外部との関わりも不可欠で
ある。こうした外部ステイクホルダーとの関係において，様々な倫理的課題を
考慮した上でステイクホルダーの重み付けを図り，それに柔軟に対応していか
なければならない。そのためには，医療法人と他の組織との対話・関与もまた
重要である。

　このように，医療法人が経営倫理を実践していくためには，組織内部での相
互コミュニケーションを通じたダブル・ループ学習と，組織外部との相互コ
ミュニケーションを通じた倫理的課題への柔軟な対応との両立が求められる。
前者は，組織倫理と個人倫理との統合を図り，後者は（医療法人と専門職団体
との関係に限定して言えば）組織倫理，個人倫理ならびに専門職倫理の統合を
図る。こうした属性の異なる倫理の統合を図ることによって，組織内外におけ
る倫理制度の適合・調和に繋がり，医療事故の未然防止に一定の効果があると

考えられる。

　本研究では，医療法人における経営倫理の実践を，ダブル・ループ学習を通じた倫理教育とステイクホルダーを含む組織内外との相互コミュニケーションによる「医療事故の防止」を踏まえ，議論を展開してきた。近年，社会的責任の履行に積極的に取り組む企業では，「ステイクホルダー・ダイアログ（stakeholder dialogue）」，あるいは「ステイクホルダー・エンゲージメント（stakeholder engagement）」と称し，様々なステイクホルダーとの「対話」・「関与」を通じて倫理的課題を含む，社会的課題事項への解決に取り組んでいる[1]。医療法人においても，こうした組織内外との相互コミュニケーションの実践によって，組織の透明性を高め，閉鎖性を解消させることが，「情報の非対称性」問題の解消にも繋がり，医療事故を未然に防止する第一歩となるであろう。

　しかしながら，医療法人における諸問題は他にも存在している。とりわけ，小島（2008）が主張するメディカル・ガバナンスの視座は，今後，医療法人を対象に議論をしていく上では欠かせないであろう。尾形ら（2004）によれば，医療法人における監事には理事長（経営者）の親族が就くことが多く，またその勤務状態が非常勤であることが指摘されている（尾形・高木・左座 2004, 33頁）。このような，いわゆる「同族経営」は医療法人における経営陣と他の組織構成員との「閉鎖性」を生み出す，あるいは高める危険性を有しており，これが経営倫理の実践を阻害する要因になりうる。したがって，メディカル・ガバナンスの視座を加えた「医療法人のあり方」に関する議論も，今後踏まえていく必要があろう。

注：
1　資生堂では，2010 年 3 月に「化粧品における動物実験廃止を目指す」宣言をし，有識者，学術関係者，そして動物愛護団体との議論を通じて，2013 年 4 月以降，化粧品・医薬部外品の開発における動物実験を廃止している。詳しくは，資生堂グループ企業情報サイト HP「ステイクホルダーとのエンゲージメント」2016 年を参照されたい（https://www.shiseidogroup.jp/sustainability/pdf/pdf2016/backnumber2016j14.pdf，最終アクセス日：2018 年 9 月 14 日）。

結論

1　本研究の総括的主張と意義

　本研究では，医療法人に焦点を当て，医療事故を防止するための施策としてどのように経営倫理を実践していくのかを議論してきた。そのために，第 I 部では，まず「経営倫理研究の理論的展開」を整理し，経営倫理の概念がどのような背景で誕生したのか，そしてこれまでどのようにその議論が展開してきたのかを確認するとともに，経営倫理研究の今日的課題を剔抉した。

　経営倫理の概念は，19 世紀のアメリカで誕生し，20 世紀を通じて先進国を中心に広まりをみせた。その背景には，大規模な企業による組織不祥事の発生がある。近年では企業のみならず様々な組織によって引き起こされる組織不祥事も社会からの高い関心を集めている。このことから経営倫理と組織不祥事とは密接に関連していると理解することができる。

　従来の経営倫理研究には大きく 2 つの代表的なアプローチがある。ひとつは応用倫理学アプローチであり，これは規範倫理学を基盤として，とりわけ「個人」の視点を中心に，「個人はどのように行動するべきか」を論じている。他方，経営学アプローチは，「企業と社会」論やステイクホルダー理論をその基盤として，組織不祥事に「どのように対応していくのか」を論じている。この意味において，経営学アプローチは「組織」視点を中心に議論を展開してきたといえよう。これら両アプローチはいずれも，今日，様々な組織が整備・確立している倫理制度の基礎を構築しており，ここに従来の経営倫理研究がいかに有意義なものであったかを見出すことができよう。

　しかしながら，こうした倫理制度を確立している組織が組織不祥事を引き起こすという例は決して珍しいことではない。この点に鑑みれば，経営倫理研究

の今日的課題は，倫理制度を整備・確立することに終始するのではなく，いかにして組織構成員の行動レベルにまで浸透させ，経営倫理を実践していくのかということである。この課題を是正するために，本研究では，従来の経営倫理研究において見落とされてきた点，あるいは不足していた点を指摘した。第一に「認知」の段階における問題である。いかに組織が倫理制度を整え，組織構成員に「とるべき行動」を示したとしても，彼（女）らが倫理的課題の存在を「認知」していなければ有効であるとはいえない。こうした「認知」の問題を是正するために，本研究では，これまで義務論や功利主義を中心として議論が展開されてきた応用倫理学アプローチに，徳倫理の視座を加えることによって，組織構成員の個人倫理を高めることが，倫理的課題の存在を「認知」する能力の醸成に有効であることを示唆した。

　第二に，「意思決定」の段階における問題である。人間は頭では「とるべき行動」を理解していたとしても，それを実際の行動に移せるとは限らない。こうした「意思決定」の段階に生じる心理的要因を明らかにすることを目的とした行動倫理学の視座を従来の経営倫理研究に加えることの重要性を示唆した。さらに，これら個々のアプローチを個別に捉えるのではなく，統合的に捉えることで，倫理的行動を実践するプロセス全体に焦点を当てることが重要であることを本研究では主張した。

　第Ⅱ部では，「医療法人の組織特性と実践上の諸問題」に関して，医療法人を取り巻く諸問題を，あらゆる組織に共通する側面と医療法人独自の側面の双方から考察した。

　あらゆる組織に共通する側面としては，組織構成員（医療従事者）の過重労働，外部ステイクホルダーとの歪んだ関係，そして組織構成員（医療従事者）の個人的利得の追求を取り上げた。こうした問題は，医療法人に限らず，様々な組織において生じうる問題であるが，その背景にまで踏み込んで考察すると，医療法人の組織特性が大きく関係していると理解される。医療法人は，「人々の健康の維持・増進」を社会的使命としており，これを履行するためには高い公共性が求められる。さらに「医療」という生死に直結する極めて重要な行為であることと常にリスクが付随する「不完全性」という特殊性を有する行為であることに鑑みれば，医療従事者には高度かつ専門的な知識や技術が求

められることは明らかである。しかしながら，こうした「公共性」を維持する
ための法律や制度，そして専門性の高さに起因して生じる「二重の閉鎖性」が
医療法人に負の影響をもたらし，これらが医療事故を引き起こす本質的な要因
となっていることを明らかにした。

　第Ⅲ部では，「医療事故防止のための理論と実践の統合」に関して，まず従
来の経営倫理研究（応用倫理学アプローチと経営学アプローチ）と行動倫理学
アプローチが相互補完的な役割を担っていることを明らかにし，これらを統合
することの意義を主張した。さらに，この統合アプローチを実践していくため
の具体的な施策として，「学習」，あるいは「教育」の側面に焦点を当て，ダブ
ル・ループ学習による倫理教育の意義を主張した。加えて，こうした倫理教育
を実践してくためには，組織の管理者（あるいは倫理制度の策定者）と他の組
織構成員との相互の協調が不可欠であることから，その基盤を構築するために
組織内の対話と関与を通じた相互コミュニケーションの必要性を示唆した。こ
うした組織内の関係づくりが，医療法人における内部の閉鎖性を解消すること
に繋がり，経営倫理の実践の基盤となるであろう。

　また，「対話」と「関与」の概念は，組織内のみならず組織外部のステイク
ホルダーとの関係においても重要である。とりわけ，医療法人は政府による制
度から大きく影響を受ける。さらに，医療従事者としての専門職倫理を明示す
る専門職団体も重要なステイクホルダーに位置付けられるであろう。医療法人
が公共性を維持しつつも，経営赤字，さらにはそれに起因する医療従事者の過
重労働の問題を解消するためには，医療法人単独で経営倫理を実践するだけで
は困難であろう。政府や専門職団体との対話・関与を通じて，今一度既存の制
度のあり方を見直すこともまた医療事故防止のためには重要な視点であると考
える。

　序論でも述べたが，本研究は医療法人に対象を限定して議論を展開してき
た。しかしながら，本研究において示唆した統合アプローチの視座，そして対
話と関与を通じた相互コミュニケーションが経営倫理を実践していく上での基
盤となることは，他の組織にも援用することができ，ここに本研究の意義を見
出すことができる。とりわけ，急速に進展する技術革新に際して，今後，様々
な組織が高度かつ専門的な知識や技術を扱うようになることが予想される。そ

の中で，専門性の高さは，組織内の閉鎖性を生じさせる負の影響を有していることを明らかにし，それを解消するためにも討議倫理の議論は意義があると考える。

2　本研究の限界と今後の課題

　本研究の今後の課題として，第一にガバナンスの視点を加えることの必要性があると考える。小島（2008）が示唆するように，コーポレート・ガバナンスの議論は，今後，医療法人においても重要な主題となるであろう（小島 2008, 2-3 頁）。とりわけ，「同族経営」の問題は，医療法人と組織外部との閉鎖性のみならず，トップ・マネジメントと他の組織構成員との間にも閉鎖性を生じさせる可能性を有している。したがって，医療法人における経営者である理事長を，だれが，どのようにして監視・統制するのかを議論することが求められる。その際，経営倫理の観点とガバナンスの観点を個別に捉えるのではなく，統合的に捉えることによって，医療法人を取り巻く諸問題を解消する指針を模索していきたいと考える。

　加えて，本研究は組織内外のステイクホルダーとの「対話」と「関与」を基盤としたダブル・ループ学習による倫理教育の意義と重要性を主張してきた。とりわけ，組織内外のステイクホルダーとの相互コミュニケーションは，本研究で取り上げた医療法人における「二重の閉鎖性」問題，「情報の非対称性」問題，そして医療従事者の「思考の傾斜」など医療事故を引き起こす本質的な要因を解消することに繋がると考えられる。しかしながら，こうした相互コミュニケーションを基盤とした倫理教育を，具体的にどのように構想・実践していくのかという点が，今後の課題として残されている。

　その上で，本研究において繰り返し述べてきたように，制度とはそれを実践する個人（あるいは組織）との協調が不可欠であり，彼（女）らが適合・調和することのできない制度をいくら整えたとしても，それは十分に有効性を発揮することはできない。かかることに鑑み，本研究の示唆する内容を具体的にどのように構想・実践していくのか，そしてこれが医療法人にとってどこまで有効性を発揮しうるのか，インタビュー調査やアンケート調査を踏まえた実証的

な研究を通じて，検証していくことが重要であると考える。

あとがき

　本書は，著者が明治大学大学院商学研究科博士後期課程に在籍していた4年間の研究成果をとりまとめた博士学位請求論文に修正を加えて上梓に到った。本書の上梓にあたって，明治大学商学部教授の風間信隆先生に深く感謝申し上げたい。研究者として未熟であった私を研究室に温かく迎えてくださったことは著者にとって大変幸運なことであった。研究の過程で示唆に富んだご指摘とご批判を頂き，多様な視座を示してくださった。研究者としての厳しさと，そして楽しさをご教示頂いたことに心から感謝するとともに，今後の研究活動，ならびに教育活動を通じて，先生の御恩に応えていきたい。

　また，著者が大学から修士課程を修了するまで，ご指導をしてくださった駒澤大学経済学部教授の松田健先生へも，厚く御礼を申し上げたい。松田先生には研究者としてはもちろん，教育者として大事なことを数多く教えて頂いた。著者が民間企業への道を断ち，研究者としての道に進むことを選んだ際，その背中を押してくださったとともに，研究者を目指すきっかけを示してくださった。さらに，博士後期課程進学後，そして著者が日本大学法学部に勤務してからも，多くのご指導，ご鞭撻を賜り，著者が人として大きく成長できたのも，松田先生なくしてあり得なかった。松田先生からの教えを胸により一層精進していきたいと考えている。

　本書の基礎となった博士学位請求論文の副査をお引き受け頂いた明治大学商学部教授の出見世信之先生と山下洋史先生には，大変ご多忙の中，多くのご指導を頂き深く感謝申し上げたい。

　出見世先生は，経営倫理に関して伝統的な研究から先進的な研究まで幅広く，そして深くご指導をしてくださった。また，日本経営倫理学会では，経営倫理の先進的な研究を蓄積されている先生方との繋がりをつくってくださった。著者の経営倫理の理解，ならびに知見の基礎の構築，そしてそれを広げる機会を与えてくださった。

　山下先生には，博士後期課程進学前の修士課程の頃より，日本経営システム学会においてご指導を頂いた。とりわけ，山下先生の経営情報に関わる幅広い見識と研究のご構想は，本書をはじめ，著者の倫理教育に関する研究に多くの影響を与えてくださった。

　駒澤大学経済学部名誉教授の百田義治先生，ならびに駒澤大学経済学部教授の岩波文孝先生と松本典子先生には，とりわけ，著者が修士課程に在籍していた際，多くのご指導を賜った。研究者として大変未熟であっただけでなく，基礎的知識も不足していた著者に熱くご指導をして頂いたこと，深く感謝申し上げたい。

　日本経営倫理学会若手研究者育成研究部会（ESW）の会員の皆様にも感謝を申し上げたい。とりわけ，2017年の研究部会発足当初からご指導を頂いた慶應義塾大学商学部教授の梅津光弘先生，帝京平成大学現代ライフ学部教授の岡部幸徳先生，そして南山大学経営学部准教授の高田一樹先生からは，経営倫理に関する様々な知見のみならず，教育者として目指す姿もご教示頂いた。また，就実大学経営学部講師の大塚祐一先生は，ともに博士学位の取得を目指し，ESWにて研鑽を積んできた。研究に行き詰った際，研究仲間であり，友人でもある大塚先生の存在は著者の大きな励みとなった。深く感謝申し上げたい。

　日本大学法学部教授の小田司先生をはじめ，日本大学法学部の先生方にも深く感謝申し上げたい。小田先生は，著者を含む若手教員が研究に十分な時間を費やせるよう日々ご尽力してくださっている。また，日本大学法学部教授の中村進先生と臼井哲也先生をはじめ，著者が所属する経営法学科の先生方からも，多くのご助力を賜っている。研究と教育を両立させ，日本大学法学部に資することができるよう努めていきたいと考えている。

　本書の出版に際し，文眞堂の前野隆氏と前野眞司氏，そして山崎勝徳氏に大変お世話になった。本書の出版を快くお引き受け頂いた上，出版経験がなく不手際が多い中で，温かくご支援をして頂いた。著者の遅筆によりご迷惑をおかけしたことを深くお詫び申し上げるとともに，改めて御礼を申し上げたい。

　最後に，著者が研究者を志し，大学院への進学を決めた頃より支えてくれた両親や家族，そして友人には，多くの励ましをもらった。この場を借りて，感

謝を申し上げるとともに，今後，少しでも恩返しができるよう努めていきたいと考える。

2021 年 9 月

鈴木 貴大

参考文献

外国語文献

Aguilar, F. J. (1994), *Managing Corporate Ethics: Learning from America's Ethical Companies How to Supercharge Business Performance*, Oxford University Press. (水谷雅一監訳／高橋浩夫・大山泰一郎訳『企業の経営倫理と成長戦略』産能大学出版部, 1997年。)

Alexy, R. (1978), *Theorie der juristischen Argumentation*, Suhrkamp.

Argyris, C. and Schoen, D. (1978), *Organizational Learning: A Theory of Action Perspective*, Addison-Wesley.

Arnold, D. G. and Harris, J. D. (2012), *Kantian Business Ethics Critical Perspective*, Edward Elgar.

Barber, B. (1965), "Some Problems in the Sociology of the Profession," in Lynn, S. (ed) *The Profession in America*, pp. 5-20.

Barnard, C. I., (1938), *The Functions of the Executive*, Harvard University Press.

Bazerman, M. H. and Moore, D. A. (2009), *Judgment in Managerial Decision Making*, 7th ed., John Wiley & Sons. (長瀬勝彦訳『行動意思決定論—バイアスの罠—』白桃書房, 2011年。)

Bazerman, M. H. and Tenbrunsel, A. E. (2011a), *Blind Spot: Why We Fail to Do What's Right and What to Do about It*, Princeton University Press. (池村千秋訳『倫理の死角—なぜ人と企業は判断を誤るのか—』NTT出版, 2013年。)

Bazerman, M. H. and Tenbrunsel, A. E. (2011b), "Ethical Breakdowns," *Harvard Business Review*, April, pp. 58-65.

Becker, L. C. (ed.) (1992), *Encyclopedia of Ethics*, 2 vols, Garland Publishing.

Bentham, J. (1780), *An Introduction to the Principles of Morals and Legislation*, Dover Publications.

Boylan, M. (2014), *Business Ethics*, Second Edition, Wiley Blackwell.

Collins, D. (2012), *Business Ethics How to Design and Manage Ethical Organizations*, Wiley.

Crane, A. and Metten, D. (2004), *Business Ethics*, Oxford University Press.

DeGeorge, R. T. (1989), *Business Ethics*, 3rd ed., Macmillan. (永安幸正・山田經三編訳『ビジネス・エシックス—グローバル経済の倫理的要請—』明石書店, 1995年。)

Donaldson, T. and Preston, L. E. (1995), "The Stakeholder Theory of the Corporation: Concepts, Evidence, Implications," in *Academy of Management Review*, 20 (1), pp. 65-91.

Donaldson, T. and Werhane, P. H. (eds.) (2008), *Ethical Issues in Business A Philosophical Approach*, 8th ed., Prentice Hall.

Folsom, R. H. and Gordon, M. W. (1995), *International Business Transactions*, Volume 1 Practitioner Treatise Series West Publishing Co. St. Paul, Minn.

Freeman, R. E. (1984), *Strategic Management: A Stakeholder Approach*, Cambridge University Press.

French, W. A. and Granrose, J. (1995), *Practical Business Ethics*, Prentice Hall.

Friedman, M. (1962), *Capitalism and Freedom*, University of Chicago Press. (熊谷尚夫・西山千明・

白井孝昌訳『資本主義と自由』マグロウヒル出版，1975年。)

Grove, A. S. (2002), *Swimming Across: A Memoir*, New York, Grand Central. (樫村志保訳『僕の起業は亡命から始まった—アンドリュー・グローブの半生の自伝』日経BP社，2002年。)

Habermas, J. (1971), *Theorie und Praxis*, Frankfurt am Main: Suhrkamp. (細谷貞雄訳『理論と実践』未来社，1975年。)

Habermas, J. (1983), *Moralbewusstsein und kommunikatives Handeln*, Frankfurt am Main: Suhrkamp. (三島憲一・中野敏男・木前利秋訳『道徳意識とコミュニケーション行為』岩波書店，1991年。)

Habermas, J. (1991), *Erläuterungen zur Diskursethik*, Frankfurt am Main: Suhrkamp. (清水多吉・朝倉輝一訳『討議倫理』法政大学出版局，2005年。)

Herzberg, F., Mausner, B. and Snyderman, B. B. (1959), *The Motivation to Work*, John Wiley & Sons.

International Standard (2010), *Guidance on social responsibility*, International Organization for Standardization.

Johnson, C. E. (2012), *Organizational Ethics A Practical Approach*, Second Edition, SAGE.

Kavaliauskas, T. (2011), *The Individual in Business Ethics An American Cultural Perspective*, Palgrave Macmillan.

Knowles, D. (2001), *Political Philosophy—Fundamentals of Philosophy—*, McGill Queen's University Press.

Koehn, D. (1995), "A Role for Virtue Ethics in the Analysis of Business Practice," *Business Ethics Quarterly*, 5: 3, pp. 533-539.

Kohlberg, L. (1981), *The Philosophy of Moral Development*, Happer & Row, Publishers. (永野重史訳『道徳性の発達と教育』新曜社，1985年。)

Lu, J. G., Zhang, T., Rucker, D. D. and Galinsky, A. D. (2017), "On the Distinction between Unethical and Selfish Behavior," in Gray, K. and Graham, J. (eds.), *Atlas of Moral Psychology: Mapping Good and Evil in the Mind*, Guilford Press.

Maslow, A. (1943), "A Theory of Human Motivation," *Psychological Review*, 50, pp. 370-396.

Maslow, A. (1954), *Motivation and Personality*, 1st ed., Harper & Brothers.

Maslow, A. (1970), *Motivation and Personality*, 2nd ed., Harper & Brothers.

Mele, D. (2005), "Ethical Education in Accounting Integration Rules, Values, and Virtues," in *Journal of Business Ethics*, 57, pp. 97-109.

Morland, M. P. (2008), *Business Ethics as Practice*, Cambridge University Press.

Nash, L. L. (1990), *Good Intention Aside: A Manager's Guide to Resolving Ethical Problems*, Harvard Business School Press. (小林俊治・山口善昭訳『アメリカの企業倫理—企業行動基準の再構築—』日本生産本部，1992年。)

Paine, L. S. (1996), *Case in Leadership, Ethics, and Organizational Integrity: A Strategic Perspective*, Boston: Irwin McGraw-Hill. (梅津光弘・柴柳英二訳『ハーバードのケースで学ぶ企業倫理：組織の誠実さを求めて』慶應義塾大学出版会，1999年。)

Paine, L. S. (1997), *Case in Leaderships, Ethics, and Organizational Integrity*, McGraw-Hill.

Paine, L. S. (2003), *Value Shift: Why Companies Must Marge Social and Financial Imperatives to Achieve Superior Performance*, McGraw-Hill. (鈴木主税・塩原通緒訳『バリューシフト　企業倫理の新時代』毎日新聞社，2004年。)

Peters, F. E. (1967), *Greek Philosophical Terms*, New York University Press.

Porter, M. and Kramer, M. R. (2011), "Creating Shared Value: How to Reinvent Capitalism and Unleash a Wave of Innovation and Growth," *Harvard Business Review*, 89 (1-2), pp. 62-77.

（ハーバード・ビジネス・レビュー編集部訳「共通価値の戦略─経済的価値と社会的価値を同時に実現する─」『ハーバード・ビジネス・レビュー』6月号，ダイヤモンド社，2011年，8-31頁。）

Post, J. E., Lawrence, A. T. and Weber, J. (2002), *Business and Society: Corporate Strategy, Public Policy, Ethics*, McGraw-Hill.（松野弘・小阪隆秀・谷本寛治訳『企業と社会（上）─企業戦略・公共政策・倫理─』ミネルヴァ書房，2012年。）

Rost, P. (2006), *The Whistleblower: Confession of a Healthcare Hitman*, Soft Skull Press.（斉尾武郎訳『製薬業界の闇─世界最大の製薬会社ファイザーの正体』東洋経済新報社，2009年。）

Silk, L. and Vogel, D. (1976), *Ethics and Profit: The Crisis Confidence in American Business*, Simon and Schuster.

Simon, H. A. (1976), *Administrative Behavior: A Study of Decision-Making Processes in Administrative Organization*, 3rd ed., The Free Press.（松田武彦・高柳暁・二村敏子訳『経営行動』第3版，ダイヤモンド社，1989年。）

Smart, J. J. C. (1998), "An Outline of a System of Utilitarian Ethics," in Smart, J. J. C. and Williams, B. (eds.), *Utilitarianism For and Against*, Cambridge University Press.

Solomon, R. C. (1991), "Business Ethics, Literacy, and the Education of the Emotion," in Freeman, R. E. (ed.), *Business Ethics: The State of the Art*, Oxford University Press.

Solomon, R. C. (1992), *Ethics and Excellence: Cooperation and Integrity in Business*, Oxford University Press.

Solomon, R. C. (1994), "The Corporation as Community: A Reply to Ed Hartman," *Business Ethics Quarterly*, 4 (3), pp. 271-285.

Solomon, R. C. (1999), "Business ethics and virtue," in Frederick, R. E. (ed.), *A Companion to Business Ethics*, Blackwell.

Trevino, L. K. and Nelson, K. A. (2011), *Managing Business Ethics: Straight Talk about How to Do It Right*, 5th ed., Wiley.

Werhane, P. H. (2005), "Why Do Good People Do Bad Things: Challenges to Business Ethics and Corporate Leadership," in Peterson, Robert A. and Ferrell, O. C. (eds.), *Business Ethics: New Challenges for Business Schools and Corporate Leaderships*, M. E. Sharpe.

Werhane, P. H., Hartman, L. P., Archer, C., Englehardt, E. E. and Pritchard, M. S. (2014), *Obstacles to Ethical Decision-Making: Mental Models, Milgram and the Problem of Obedience*, Camblidge.

Whetstone, J. T. (1998), "Teaching Ethics to Managers: Contemporary Problems and a Traditional Solution," in Cowton, C. and Crisp, R. (eds.), *Business Ethics*, Oxford University Press.

Zhang, T., Fletcher, P. O., Gino, F. and Bazerman, M. H. (2015), "Reducing Bounded Ethicality: How to Help individuals Notice and Avoid Unethical Behavior," in *Special Issues on Bad Behavior, Organizational Dynamics*, 44, No. 4, pp. 310-317.

Zhang, T., Gino, F. and Bazerman, M. H. (2014), "Morality rebooted: Exploring simple fixes to our moral bugs," in *Research in Organizational Behavior*, 34, Elsevier, pp. 63-79.

日本語文献

A・ヴェルマー著／加藤泰史監訳／御子柴善之・舟場保之・松本大理・庄司信訳（2013），『倫理学と対話─道徳的判断をめぐるカントと討議倫理学─』法政大学出版局。

B・バウフ著／小倉貞秀監訳（1988），『イマヌエル・カント─人とその思想─』以文社。

D・C・ラッセル編／相澤康隆・稲森一隆・佐良土茂樹訳（2015），『ケンブリッジ・コンパニオン徳

倫理学』春秋社。

D・スチュアート著／企業倫理研究グループ訳（2001），『企業倫理』白桃書房。

E・M・エプスタイン著／中村瑞穂・風間信隆・角野信夫・出見世伸之・梅津光弘訳（1996），『企業倫理と経営社会政策過程』文眞堂。

E・M・エプスタイン（2003），「経営学教育における企業倫理の領域：過去・現在・未来」中村瑞穂編『企業倫理と企業統治―国際比較―』文眞堂，201-224 頁。

K・E・ワイク著／遠田雄志・西本直人訳（2001），『センスメーキング・イン・オーガニゼーションズ』文眞堂。

L・S・ペイン著／梅津光弘・柴柳英二訳（1999），『ハーバードのケースで学ぶ企業倫理：組織の誠実さを求めて』慶應義塾大学出版会。

R・M・ヘア著／内井惣七・山内友三郎監訳（1994），『道徳的に考えること』勁草書房。

T・L・ビーチャム，N・E・ボウイ著／加藤尚武監訳（2005），『企業倫理学 1―倫理的原理と企業の社会的責任―』晃洋書房。

青井倫一・中村洋（2003），「アメリカ医薬品市場における外部環境変化と研究開発型製薬企業への影響：日本の制度と研究開発型製薬企業に対するインプリケーション」『医療と社会』公共財団法人医療科学研究所，Vol. 13, No. 2, 85-111 頁。

青木崇（2009），「日本企業の不祥事と企業の社会的責任」『日本経営倫理学会誌』第 16 号，日本経営倫理学会，43-52 頁。

青木崇（2010），「企業不祥事のメカニズムと現代経営者の役割」『日本経営倫理学会誌』第 17 号，日本経営倫理学会，45-57 頁。

朝倉輝一（2004），『討議倫理学の意義と可能性』放送大学出版局。

東洋（1977），「学習の現象」坂元昂・東洋編『学習心理学』新曜社，1-14 頁。

アリストテレス著／高田三郎訳（1971），『ニコマス倫理学（上）』岩波書店。

アリストテレス著／朴一功訳（2002），『ニコマコス倫理学』京都大学学術出版会。

安藤史江（2000），「顧客満足」高橋信夫編『超企業・組織論―企業を超える組織のダイナミズム』有斐閣，25-34 頁。

井口俊英（1999），『告白』文春文庫，1999 年。

石井徹（2015），「医薬品産業における知的所有権の経済学的考察」『つくば国際大学研究紀要』第 21 号，つくば国際大学，1-18 頁。

石川雅彦・長谷川敏彦・種田憲一郎（2005），「医療事故未然防止システム―HFMEA（医療における失敗モード影響分析法）の適用―」『医療マネジメント学会雑誌』Vol. 6, No. 3, 医療マネジメント学会，571-575 頁。

石崎忠司・中瀬忠和（2007），『コーポレート・ガバナンスと企業価値』中央大学出版部。

稲葉陽二（2013），「会社はだれのものか―市場の失敗における多元的企業概念の有効性―」『政経研究』第 49 号，日本大学法学会，477-512 頁。

井上泉（1998），「ケーススタディ『大和銀行事件』」『日本経営倫理学会誌』第 5 号，日本経営倫理学会，135-144 頁。

井上泉（2015），『企業不祥事の研究―経営者の視点から不祥事を見る―』文眞堂。

今村知明・康永秀生・井出博生（2011），『医療経営学―病院倒産時代を生き抜く知恵と戦略―』医学書院。

岩森龍夫（2002），『現代経営学の再構築―普遍経営学への小歩―』第 2 版，東京電機大学出版局。

宇沢弘文・鴨下重彦編（2010），『社会的共通資本としての医療』東京大学出版会。

梅田徹（2006），『企業倫理をどう問うか　グローバル化時代の CSR』日本放送出版協会。

梅津光弘（2002），『ビジネスの倫理学』丸善出版。

梅津光弘（2003），「アメリカにおける企業倫理論」中村瑞穂編『企業倫理と企業統治―国際比較―』

　　文眞堂，13-27 頁。

梅津光弘（2007），「企業経営をめぐる価値転換」企業倫理研究グループ『日本の企業倫理—企業倫理の研究と実践—』白桃書房，1-20 頁。

瓜生原葉子（2012a），「企業価値向上に寄与する医薬品産業の CSR 活動についての考察」『経営学論集』第 83 集，日本経営学会，289-291 頁。

瓜生原葉子（2012b），『医療の組織イノベーション—プロフェッショナリズムが移植医療を動かす—』中央経済社。

遠藤克彦（2007），『コミュニケーションの哲学—ハーバーマスの語用論と討議論—』世界書院。

遠藤久夫（2005），「医療における市場原理と非営利性」『組織科学』Vol. 38, No. 4, 4-21 頁。

大田博樹（2009），「CSR 報告書におけるマテリアリティの概念の意義と課題」『国際経営フォーラム』第 20 号，神奈川大学，133-148 頁。

大田博樹（2012），「CSR 報告書とマテリアリティ」『Project Paper』No. 24, 神奈川大学，37-51 頁。

大塚祐一（2017），「ロバート・ソロモンの「共同体としての企業」論—その意義と課題をめぐって—」『日本経営倫理学会誌』第 24 号，213-225 頁。

尾形裕也・高木安雄・左座武彦（2004），「医療機関のガバナンスに関する調査研究」『医療と社会』Vol. 14, No. 2, 公益財団法人医療科学研究所，27-54 頁。

岡部万喜ほか（2014），「医療過誤・医療訴訟の防止に向けての法医学的検討—判例と医療関連死解剖例の分析をもとに—」『昭和学士会誌』第 74 巻第 2 号，昭和大学学士会，190-210 頁。

岡本浩一・今野裕之編（2003），『リスクマネジメントの心理学』新曜社。

岡本大輔・梅津光弘（2006），『企業評価＋企業倫理　CSR へのアプローチ』慶應義塾大学出版会。

奥村宏（2005），『会社はなぜ事件を繰り返すのか』NTT 出版。

小椋正立・萩野武彦（2002），「日本の薬価制度の分析」小椋正立，デービッド・ワイズ編『【日米比較】医療制度改革』日本経済新聞社。

甲斐克則編（2012），『医療事故と医事法』信山社。

貝塚啓明・財務省財務総合政策研究所編（2010），『医療制度改革の研究—持続可能な制度の構築に向けて—』中央経済社。

風間信隆（2003），「ドイツにおける企業倫理」中村瑞穂・古希記念論文集編集委員会編『中村瑞穂博士古希記念論文集』文眞堂，47-64 頁。

勝田英紀（2015），「TPP 参加で薬剤費は高騰するのか」『商経学叢』第 61 巻第 3 号，近畿大学商経学会。

神野慧一郎（2002），『我々はなぜ道徳的か—ヒュームの洞察—』勁草書房。

河口真理子・大和証券グループ（2005），「SRI の新たな展開—マテリアリティと透明性—」2005 年 9 月 29 日。

川本隆史（1995），『現代倫理学の冒険—社会理論のネットワークへ』創文社。

儀我壮一郎（2005），「薬害に関する試論」『専修大学社会科学年報』第 39 号，専修大学社会科学研究所，61-77 頁。

企業倫理研究グループ（2007），『日本の企業倫理　企業倫理の研究と実践』白桃書房。

金城辰夫（1992），『学習心理学』放送大学教育振興会。

久保田潤一郎（2008），「企業倫理の制度化における行動規範と浸透活動の要件」『日本経営倫理学会誌』第 15 号，日本経営倫理学会，247-257 頁。

久保田潤一郎（2009），「内部統制と企業倫理の関係性」『日本経営倫理学会誌』第 16 号，日本経営倫理学会，173-182 頁。

栗岡幹英（2007），「薬害 HIV における医療者と患者のコミュニケーション」『フォーラム現代社会』関西社会学会，68-76 頁。

桑田耕太郎（1983），「組織学習の理論—その概念と課題—」『東京大学経済学研究』26 号，1-10 頁。

桑田耕太郎・田尾雅夫（1998），『組織論』有斐閣アルマ。

群馬大学医学部附属病院医療事故調査委員会（2016），「群馬大学医学部附属病院医療事故調査委員会報告書」2016 年 7 月 27 日。

小島愛（2008），『医療システムとコーポレート・ガバナンス』文眞堂。

小林敏男（1990），『正当性の条件―近代経営管理論を超えて―』有斐閣。

小林俊治・高橋浩夫編著（2013），『グローバル企業の経営倫理・CSR』白桃書房。

小山嚴也（2011），『CSR のマネジメント―イシューマイオピアに陥る企業―』白桃書房。

小山嚴也（2017），「日本企業におけるコンプライアンス活動の海外移転―シンガポールでの事例から―」『日本経営倫理学会誌』第 24 号，日本経営倫理学会，87-97 頁。

相良守次・能見義博（1976），『学習心理学』大日本図書。

佐藤睦美（2011），『マーケティング視点で説く：医薬品産業戦略マネジメント』東急エージェンシー。

齊藤宏和（2012），「病院におけるコンプライアンス経営―病院法務部の可能性―」『商大ビジネスレビュー』兵庫県立大学大学院経営研究科。

白石弘幸（2009），「組織学習と学習する組織」『金沢大学経済論集』第 29 巻第 2 号，233-261 頁。

鈴木和幸（2004），『未然防止の原理とそのシステム』日科技連。

鈴木辰治・角野信夫編（2000），『企業倫理の経営学』ミネルヴァ書房。

鈴木貴大（2015），「企業倫理制度の課題と展望」『商学研究論集』第 43 号，明治大学大学院商学研究科，139-157 頁。

鈴木貴大（2016），「経営倫理の理論と実践」『商学研究論集』第 44 号，明治大学大学院商学研究科，123-138 頁。

鈴木貴大（2017a），「医療法人の制度的特徴と倫理制度の確立―医療事故の発生要因に焦点を当てて―」『日本経営倫理学会誌』第 24 号，日本経営倫理学会，31-42 頁。

鈴木貴大（2017b），「アメリカにおける企業倫理制度の特質―ファイザーの企業倫理制度を事例として―」日本比較経営学会編『原発問題と市民社会の論理』比較経営研究第 41 号，文理閣，73-95 頁。

鈴木貴大（2017c），「経営倫理の学説史的研究と今日における課題」『商学研究論集』第 47 号，明治大学大学院商学研究科，39-58 頁。

鈴木貴大（2018a），「個人に焦点を当てた経営倫理研究の意義―徳倫理と従来の規範倫理学アプローチとの比較を中心に―」『日本経営倫理学会誌』第 25 号，日本経営倫理学会，49-60 頁。

鈴木貴大（2018b），「経営倫理研究における行動倫理学アプローチの意義と課題」第 49 号，明治大学大学院商学研究科，33-48 頁。

鈴木貴大（2018c），「The History of Organization Scandals and Contemporary Issues on Business Ethics」『商学研究論集』第 48 号，明治大学大学院商学研究科，37-55 頁。

鈴木貴大（2019），「個人倫理，組織倫理及び専門職倫理の関係からみた経営倫理の課題」『政経研究』第 56 巻第 3 号，日本大学法学会，179-198 頁。

鈴木貴大（2020a），「コーポレート・ガバナンスと企業の社会的責任の統合可能性」『政経研究』第 56 巻第 4 号，日本大学法学会，39-60 頁。

鈴木貴大（2020b），「企業の『経済性』と『社会性』の両立に向けた SDGs の実践における課題」『政経研究』第 57 巻第 2 号，日本大学法学会，184-210 頁。

鈴木由紀子（2010），「アメリカの企業倫理」，佐久間信夫・水尾順一編『コーポレート・ガバナンスと企業倫理の国際比較』ミネルヴァ書房，59-78 頁。

孫大輔（2013），「対話の場作りをすすめるファシリテーターと省察的実践」『日本プライマリ・ケア連合学会誌』Vol. 36，No. 2，日本プライマリ・ケア連合学会，124-126 頁。

高巌（1995），『H. A. サイモン研究―認知科学的意思決定論の構築―』文眞堂。

高巌，T・ドナルドソン（2003），『ビジネス・エシックス』文眞堂。

高巖（2013），『ビジネスエシックス［企業倫理］』日本経済新聞出版社。

高橋真人（2011），『変革期を勝ち抜く医薬品マーケティング新戦略』医薬経済社。

田島慶吾（2004），「企業倫理学と企業の経済学」『静岡大学経済研究』29-40 頁。

田代義範（2000），『企業と経営倫理』ミネルヴァ書房。

田中朋弘（2004），「倫理学としてのビジネス倫理学」田中朋弘・柘植尚則編『ビジネス倫理学―哲学的アプローチ―』ナカニシヤ出版。

谷口勇仁（2013），「日本型企業倫理活動の探求―職場環境主導型企業倫理活動と個人責任強調型企業倫理活動―」『日本経営倫理学会誌』第 20 号，日本経営倫理学会，17-26 頁。

谷本寛治（2004），『CSR 経営　企業の社会的責任とステイクホルダー』中央経済社。

千葉県がんセンター腹腔鏡下手術に係る第三者検証委員会（2015），「千葉県がんセンター腹腔鏡下手術に係る第三者検証委員会報告書」2015 年 7 月 15 日。

土屋惠一郎（2007），「ベンサム」『哲学の歴史（8）』中央公論社。

筒井万理子（2009），「医薬品の普及過程―医薬品の採用者間の情報共有における MR の役割―」『日本経営学会誌』第 23 号，日本経営学会，87-97 頁。

出見世信之（1997），『企業統治問題の経営学的研究―説明責任関係からの考察―』文眞堂。

長坂健二郎（2010），『日本の医療制度―その病理と処方箋―』東洋経済新報社。

長野展久（2012），『医療事故の舞台裏―25 のケースから学ぶ日常診療の心得―』医学書院。

中浜隆（2008），「アメリカの医療扶助改革と民間医療保険」『社會科學研究』第 59 号，東京大学，7-42 頁。

永松博志（2009），「営利原則と企業倫理―藻利重隆博士の所論を基にした今日的展開―」『日本経営倫理学会誌』第 16 号，日本経営倫理学会，107-115 頁。

中村秋生（2010），「組織における道徳的行動の実現：経営倫理教育の目的・内容を中心として」『千葉商大論叢』83-100 頁。

中村秋生（2014），「組織における道徳的行動実現のための経営倫理教育―認知教育から行動教育としての徳育教育へ―」『千葉商大論叢』41-59 頁。

中村瑞穂（1975），『経営管理論序説』亜紀書房。

中村瑞穂（1994），「企業経営と現代社会」丸山恵也・権泰吉『現代企業経営―理論と実態―』ミネルヴァ書房。

中村瑞穂編（2003a），『企業倫理と企業統治　国際比較』文眞堂。

中村瑞穂（2003b），「企業倫理と企業統治―概念的基礎の確認―」中村瑞穂・古希記念論文集編集委員会編『中村瑞穂博士古希記念論文集』文眞堂，1-12 頁。

中谷常二（2009），「経営倫理学における倫理とは何か―倫理的に考えることの一考察―」『日本経営倫理学会誌』第 16 号，日本経営倫理学会，117-126 頁。

名島利喜（2010），「株式会社による病院経営―営利と非営利の間―」『三重大学法経論叢』第 27 巻第 2 号，三重大学，19-30 頁。

南部鶴彦（1997），「医薬品の組織産業：薬価規制の経済的効果」『医療と社会』Vol. 7, No. 1, 公共財団法人医療科学研究所，3-15 頁。

二木立（2005），『医療改革と病院』勁草書房。

西本勢至子（2008），「組織学習に関する学説研究―既存研究の問題点と新たな方向性―」『三田商学研究』第 50 巻第 6 号，325-346 頁。

日本カント教会編（2004），『カントと責任論』理想社。

日本経営倫理学会監修／水谷雅一編（2003），『経営倫理』同文舘。

橋本勇人・品川佳満（2013），「医療系学生による患者情報に関する事故の概要と対応―教育機関が把握しておくべき法的対応を中心として―」『川崎医療短期大学紀要』33 号，川崎短期大学，49-54 頁。

阪急阪神ホテルズにおけるメニュー表示の適切化に関する第三者委員会（2014），「調査報告書」2014 年 1 月 31 日。

日暮雅夫（2005），「ハーバーマスにおける討議倫理学の基本構想」『盛岡大学紀要』第 22 号，49-62 頁。

日暮雅夫（2008），『討議と承認の社会理論―ハーバーマスとホネット―』勁草書房。

日向浩幸（2013），「病院のブランド戦略と CSR」『日本経営倫理学会誌』第 20 号，日本経営倫理学会，81-94 頁。

平田光弘（2008），『経営者自己統治論―社会に信頼される企業の形成―』中央経済社。

広島大学大学院マネジメント専攻編著（2004），『企業経営とビジネスエシックス』法律文化社。

福留民夫・田中宏司（2001），「21 世紀における経営倫理―新世紀〈経営の心〉」『日本経営倫理学会誌』第 8 号，日本経営倫理学会，3-13 頁。

藤岡英治（2013），『医療機関のガバナンスと監査』中央経済社。

細川孝（2006），「医薬品産業におけるグローバル・ガバナンス―現代医薬品企業と NGO，知的財産権と人権をめぐって―」夏目啓二編『21 世紀の企業経営―IT 革命とグローバリゼーションの時代―』日本評論社，221-239 頁。

細見格・長野伸一・岡部雅夫（2011），「次世代の医薬品開発を支える知識流通」『情報処理』Vol. 52，No. 3，情報処理学会，300-308 頁。

間島崇（2007），『組織不祥事―組織文化論による分析―』文眞堂。

松井亮太（2018），「東電トラブル隠し事件と福島原発事故を再考する―行動倫理学の観点から―」日本経営倫理学会第 3 回若手研究者育成研究部会（2018 年 3 月 31 日開催）報告資料。

松田健（2010），「ドイツの企業倫理」佐久間信夫・水尾順一編『コーポレート・ガバナンスと企業倫理の国際比較』ミネルヴァ書房，137-164 頁。

松野弘・堀越芳昭・合力知工編著（2006），『「企業の社会的責任」の形成と展開』ミネルヴァ書房。

真野俊樹編（2013），『比較医療政策―社会民主主義・保守主義・自由主義―』ミネルヴァ書房。

万仲脩一（2004），『企業倫理学―シュタイマン学派の学説―』西日本法規出版。

水谷雅一（1995），『経営倫理学の実践と課題』白桃書房。

水谷雅一（1998），『経営倫理学のすすめ』丸善ライブラリー。

水村典弘（2008），『ビジネスと倫理　ステークホルダー・マネジメントと価値創造』文眞堂。

水村典弘（2013），「企業行動倫理と企業倫理イニシアティブ―なぜ人は意図せずして非倫理的行動に出るのか―」『日本経営倫理学会誌』第 20 号，日本経営倫理学会，3-15 頁。

水村典弘（2015），「制度の死角と意図せぬ不正―食品偽装等問題の検証―」『経営学論集』第 85 集，日本経営学会，1-10 頁。

溝田友里（2006），「薬害 HIV 感染被害者遺族の困難と成長」『保健医療社会学論集』日本保健医療社会学会，1-11 頁。

宮坂純一（2003），『企業は倫理的になれるのか』晃洋書房。

宮坂純一（2005），「ビジネス・エシックス，ステイクホルダー・マネジメント，そして CSR」『産業と経済』第 20 巻第 3 号，奈良産業大学，147-175 頁。

宮田靖志（2015），「プロフェッショナリズム教育の 10 の視点」『医学教育』第 46 巻第 2 号，126-132 頁。

村田大学（2011），「企業倫理学における経営学的アプローチの有用性：企業倫理学の方法論争からの考察」『大学院紀要』第 33 号，創価大学大学院，13-23 頁。

本橋潤子（2010），「『組織の中の人びと』にとっての経営倫理教育」『日本経営倫理学会誌』第 17 号，日本経営倫理学会，189-196 頁。

森本三男（2004），「企業社会責任の論拠とステークホルダー・アプローチ」『創価経営論集』第 28 号，1-14 頁。

森山満（2002），『医療過誤・医療事故の予防—病・医院の法的リスクマネジメント』中央経済社。

山口厚江（2005），『高齢者介護ビジネスの社会的責任』文眞堂。

山下洋史（2005），『情報・知識共有を基礎としたマネジメント・モデル』東京経済情報出版。

横藤田誠（2004），「医療における法規制と倫理」『日本放射線技術學會誌』公益社団法人日本放射線技術学会，1045-1049頁。

吉森賢（1998），「企業はだれのものか—企業概念の日米比較—」『横浜経営研究』第19号，横浜国立大学，42-54頁。

寄川条路編著（2009），『グローバル・エシックス　寛容・連帯・世界市民』ミネルヴァ書房。

参考URL

一般社団法人全国公私病院連盟・社団法人日本病院会（2015），「平成26年病院運営実態分析調査の概要」（https://www.hospital.or.jp/pdf/06_20150311_01.pdf，最終アクセス日：2017年8月12日）。

医療用医薬品製造販売業公正取引協議会，「公取協ガイド」（http://www.iyakuhin-koutorikyo.org/index.php?action_download=true&kiji_type=1&file_type=2&file_id=1705，最終アクセス日：2018年8月16日；https://www.hospital.or.jp/pdf/06_20150311_01.pdf，最終アクセス日：2017年8月12日）。

公益財団法人日本医療機能評価機構「医療事故情報収集等事業—平成27年年報—」（http://www.med-safe.jp/pdf/year_report_2015.pdf，最終アクセス：2018年8月9日）。

公益財団法人日本医療機能評価機構「医療事故情報収集等事業—平成28年年報—」（http://www.med-safe.jp/pdf/year_report_2016.pdf，最終アクセス：2018年8月9日）。

公共財団法人日本医療機能評価機構HP「病床規模別報告義務対象医療機関の報告医療機関数及び報告件数」2005-2015年度（http://www.med-safe.jp/index.html，最終アクセス日：2018年8月9日）。

厚生労働省「医療事故調査制度について」（http://www.mhlw.go.jp/stf/seisakunitsuite/.bunya/0000061201.html，最終アクセス日：2017年8月9日）。

厚生労働省「社会保障審議会医療部会資料」2008年（https://www.mhlw.go.jp/stf/shingi/2r9852000000w95c-att/2r9852000000w9ok.pdf，最終アクセス日：2018年8月3日）。

厚生労働省「平成28年度　医療費の動向」（https://www.mhlw.go.jp/file/04-Houdouhappyou-12401000-Hokenkyoku-Soumuka/0000177607.pdf，最終アクセス日：2018年8月8日）。

厚生労働省「平成29年（2017）人口動態統計の年間推移」2017年（https://www.mhlw.go.jp/toukei/saikin/hw/jinkou/suikei17/dl/2017suikei.pdf，最終アクセス日：2018年9月14日）。

厚生労働省保険局「高額療養費制度の見直しについて（概要）」（https://www.mhlw.go.jp/seisakunitsuite/bunya/kenkou_iryou/iryouhoken/dl/ryouyou-01.pdf，最終アクセス日：2018年8月8日）。

資生堂グループ企業情報サイトHP「ステイクホルダーとのエンゲージメント」2016年（https://www.shiseidogroup.jp/sustainability/pdf/pdf2016/backnumber2016j14.pdf，最終アクセス日：2018年9月14日）。

ジョンソン&ジョンソン株式会社HP（http://www.jnj.co.jp/group/credo/index.html?nv=foot，最終アクセス日：2017年8月10日）。

トヨタ自動車株式会社HP（http://www.toyota.co.jp/jpn/company/vision/philosophy/，最終アクセス日：2017年8月10日）。

内閣府地方創生推進事務局「平成29年度に評価対象となる規制の特例措置（医療・福祉・産業部会）」2018年3月8日（https://www.kantei.go.jp/jp/singi/tiiki/kouzou2/hyouka/chousa/iryou

bukai58/siryou.pdf，最終アクセス日：2018 年 9 月 14 日）。

日本医師会 HP「医の倫理綱領」（http://dl.med.or.jp/dl-med/doctor/rinri2000.pdf，最終アクセス日：2018 年 5 月 18 日）。

日本医師会「医師の職業倫理指針［第 3 版］」2016 年 10 月（http://dl.med.or.jp/dl-med/teireikaiken/20161012.2.pdf，最終アクセス日：2018 年 7 月 10 日）。

日本看護協会「看護者の倫理綱領」（https://www.nurse.or.jp/home/publication/pdf/rinri/code_of_ethics.pdf，最終アクセス日：2018 年 7 月 10 日）。

日本産婦人科医会「産婦人科医師減少に転じる―産婦人科医師の動向―」2017 年（http://www.jaog.or.jp/wp/wp-content/uploads/2017/01/102_161012.pdf，最終アクセス日：2018 年 9 月 14 日）。

日本製薬工業協会「製薬協コード・オブ・プラクティス」（http://www.jpma.or.jp/about/basis/code/pdf/code2.pdf，最終アクセス日：2018 年 4 月 25 日）。

日本薬剤師会「薬剤師倫理規定」（http://www.nichiyaku.or.jp/assets/pdf/FIP2014-Ethics-J.pdf，最終アクセス日：2018 年 7 月 10 日）。

三菱自動車工業株式会社特別調査委員会（2016），「燃費不正問題に関する調査報告書」（http://www.mitsubishi-motors.com/content/dam/com/ir_jp/pdf/irnews/2016/20160802-02.pdf，最終アクセス日：2017 年 8 月 14 日）。

新聞・記事

「25％が外部委員不在　医療事故調査の病院報告」『朝日新聞』2016 年 11 月 3 日朝刊。

「医療事故調，遺族に不満も　一部で再発防止策・聞き取りなく」『朝日新聞』2016 年 9 月 29 日朝刊。

「拠点病院指定更新せず　千葉県がんセンター　腹腔鏡死亡で」『日本経済新聞』2015 年 4 月 15 日付沖縄夕刊。

「診療報酬，1.19％下げ　生活扶助，3 年かけ 1.8％減」『朝日新聞』2017 年 12 月 19 日付朝刊。

「腹腔鏡手術『10 例に問題』　がんセンター 11 人死亡　千葉県の第三者委」『日本経済新聞』2015 年 3 月 31 日付北海道朝刊。

索　引

著者紹介

鈴木 貴大（すずき・たかひろ）

日本大学法学部専任講師　博士（商学）

1989 年：千葉県に生まれる
2012 年：駒澤大学経済学部　卒業
2014 年：駒澤大学大学院商学研究科修士課程　修了
2019 年：明治大学大学院商学研究科博士後期課程　修了
明治大学商学部助手，日本大学法学部助教を経て，2020 年 10 月より現職

主要論文
「企業の『経済性』と『社会性』の両立に向けた SDGs の実践における課題」
『政経研究』第 57 巻，第 2 号，日本大学法学会，2020 年，184–210 頁。
「個人に焦点を当てた経営倫理研究の意義—徳倫理と従来の規範倫理学アプ
ローチとの比較を中心に—」『日本経営倫理学会誌』第 25 号，日本経営倫
理学会，2018 年，49-60 頁。
「アメリカにおける企業倫理制度の特質—ファイザーの企業倫理制度を事例
として—」『比較経営研究』第 41 号，日本比較経営学会，2017 年，73-95 頁。

経営倫理の理論と実践
——医療法人における統合アプローチ——

2021 年 11 月 30 日　第 1 版第 1 刷発行　　　　　　検印省略

著　者　鈴　木　貴　大

発行者　前　野　　隆

発行所　株式会社　文　眞　堂
東京都新宿区早稲田鶴巻町 533
電　話 03（3202）8480
Ｆ ＡＸ 03（3203）2638
http://www.bunshin-do.co.jp/
〒162-0041 振替00120-2-96437

印刷・モリモト印刷／製本・高地製本所
©2021
定価はカバー裏に表示してあります
ISBN978-4-8309-5136-7　C3034